Mentes criminales

Realización editorial: Bonalletra Alcompas, S. L.
Diseño e ilustración de cubierta: Pau Taverna
Diseño: Kira Riera
Maquetación: Manel López (GRAFCO)
Ilustraciones: Jordi Dacs (págs. 64 a, 69 [basada en la de Kandel, Schwartz, Jessell, Siegelbaum, Hudspeth, *Principle of Neural Science*], 90).
© Fotografías: Dominio público: Phineas Gage (pág. 64 ab). Wikimedia Commons: Finereach, trabajo derivado de: Patrick J. Lynch [GFDL o CC BY 3.0] (pág. 67), McGeddon, trabajo propio [CC BY-SA 4.0] (pág. 70), James.mcd.nz [GFDL o CC BY-SA 4.0] (pág. 89), Olivier Hammam [d. p.] (pág. 121), Eric. E. Castro [CC BY 2.0] (pág. 126).
Depósito legal: M-991-2018
ISBN: 978-84-17506-48-3
Impreso en España

MENTES CRIMINALES

Fenomenología de la maldad

ALFREDO CALCEDO BARBA

Universidad Complutense de Madrid
Hospital General Universitario Gregorio Marañón

CONTENIDO

INTRODUCCIÓN

La mayor parte de los delitos violentos graves son cometidos por personas denominadas «psicópatas». Tradicionalmente se han buscado causas para estos comportamientos relacionadas con la biografía personal, la historia familiar y los condicionantes sociales de estos individuos. Sin embargo, desde hace quince o veinte años, se está haciendo también hincapié en el análisis de sus condicionantes biológicos. En esta línea, han surgido numerosos estudios con avanzadas técnicas de genética, neuroimagen y marcadores neurofisiológicos, entre otros, cuya finalidad es identificar un patrón específico para estos casos.

En lo que se refiere a la respuesta penal, siempre se ha considerado que el funcionamiento intelectual de los psicópatas está dentro de los parámetros de la normalidad, ya que pueden distinguir entre lo correcto y lo incorrecto, y además tienen la capacidad de analizar las consecuencias de su conducta.

No obstante, los últimos descubrimientos realizados sobre las bases biológicas de la psicopatía plantean la pregunta de si los psicópatas pueden tener un buen autocontrol y, por consiguiente, ser responsables de la misma.

A lo largo de este libro explicaremos, con sencillez, los diferentes modelos teóricos sobre los orígenes de la conducta psicopática. Para ello tendremos en cuenta el ambiente psicosocial del individuo y su biología heredada.

¿Qué es la psicopatía?

Aunque el término psicópata se ha utilizado en muchos contextos distintos, la psicopatía se define generalmente como un trastorno de personalidad con un conjunto de características específicas. La forma de manifestarse es evidente, sobre todo en las relaciones interpersonales. Estos individuos tienden a la ostentación y el egocentrismo, se consideran mucho más importantes de lo que realmente son, acostumbran a culpar a los otros de los fracasos o dificultades que puedan haberse encontrado en la vida y frecuentemente se aprovechan de los demás empleando armas como la seducción, la manipulación y el engaño. Sus emociones suelen ser superficiales y falsas, y apenas experimentan culpa o remordimientos cuando lastiman a otras personas. Destaca su falta de empatía y son descritas como personas insensibles o crueles, de gran frialdad. Otra característica de estos pacientes es que suelen tener un elevado control del miedo, lo que conlleva conductas imprudentes y la asunción de riesgos en diferentes ámbitos de su vida. No les preocupa el castigo o el daño físico ni las repercusiones a nivel social o las descalificaciones que, en algún momento, puedan recibir.

Además, los psicópatas también pueden ser impulsivos, buscar recompensas y nuevas sensaciones. En su vida personal, es habitual que sean irresponsables y que carezcan de un proyecto claro y definido. Su temperamento es voluble y pueden pasar fácilmente de la tranquilidad a la irritabilidad. Es también usual que desprecien las normas sociales y, a menudo, presenten una conducta considerada como inmoral.

Como este patrón se ha encontrado en muchos individuos, se ha concluido que este conjunto de rasgos representa un único trastorno. Es evidente que estas características de la personalidad pueden llevar a la conducta delictiva y, por tanto, a cometer actos criminales violentos, pero la realidad es que muchos psicópatas que responden a estos criterios logran éxito en su vida y no terminan en la cárcel ni con una vida desestructurada. De manera que el comportamiento antisocial, como característica principal de los psicópatas, no puede considerarse únicamente en sí misma, sino como un conjunto de rasgos de personalidad, sobre todo de tipo emocional, que definen la relación de estos individuos con el resto de la sociedad.

Definición clásica de la psicopatía

Aunque el término psicópata se ha utilizado para describir un conjunto de individuos, la conceptualización del término procede de una obra clásica de la psiquiatría escrita por el conocido autor norteamericano Hervey Cleckley. En 1941 publicó un libro llamado *The Mask of Sanity*, que se traduciría como *La máscara de la cordura*. Con este título el autor pretendía poner en claro que quienes padecen psicopatía tienen una apariencia de conducta normal, es decir, que no llama la atención. Esta realidad contrasta con la mayoría de los trastornos mentales de los que se ocupan los profesionales de la salud mental.

Cleckley describió a los psicópatas en función de las experiencias que tuvo con sus pacientes, tanto en unidades de hospitalización psiquiátrica como en su propia consulta externa. Definió las siguientes características:

- Encanto superficial y buena inteligencia.
- Carencia de delirios u otros signos de pensamiento irracional.
- Ausencia de nerviosismo o de manifestaciones neuróticas.

- Escasa fiabilidad.
- Falta de sinceridad.
- Falta de remordimientos o vergüenza.
- Conducta antisocial sin un motivo claro.
- Escaso juicio e incapacidad para aprender de una experiencia traumática.
- Egocentrismo patológico e incapacidad para los sentimientos de apego.
- Pobreza general respecto a las relaciones afectivas esperables.
- Falta de introspección frente a estos problemas.
- Escasa respuesta afectiva en las relaciones interpersonales en general.
- Escaso control en el consumo de alcohol.
- Amenazas de suicidio que raramente llevan a cabo.
- Vida sexual con un carácter frío, impersonal y trivial, escasamente integrada con la vida afectiva.
- Fracaso al seguir cualquier proyecto de vida.

Como se ha dicho anteriormente, el título *La máscara de la cordura* ilustra con claridad la idea de Cleckley sobre la psicopatía. Se trataría de «algo» enmascarado tras una fachada de buena salud mental que ocultaría graves problemas de personalidad. De igual manera, el perfil del psicópata se diferencia del de otros individuos con problemas psiquiátricos, que muestran de forma muy evidente síntomas de depresión, confusión, agitación o de estar fuera de la realidad. Por el contrario, los psicópatas aparentan tener confianza en sí mismos y estar bien adaptados al entorno, aunque cuando se sigue su trayectoria se ponen de manifiesto las dificultades que tienen para desempeñarse de manera normal en la vida cotidiana.

Evaluación de la psicopatía

A partir de la obra de Harvey Cleckley se abrieron numerosas líneas de investigación para intentar desarrollar cuestionarios que permitieran detectar los rasgos de la psicopatía. Entre el amplio grupo de investigadores que se ocuparon de esta cuestión destacó Robert Hare, un psicólogo canadiense que empezó a trabajar en el ámbito penitenciario en la década de 1970 y tuvo la oportunidad de evaluar a un gran número de internos con rasgos psicopáticos.

Uno de los principales problemas con los que se encontraban los investigadores es que los psicópatas tendían a ocultar la verdad, por lo que no se obtenían resultados fiables con un simple cuestionario. Por esta razón, tuvieron que desarrollar un instrumento de medida en el que no solo utilizaran el relato del paciente, sino que también les permitiera solaparlo con otras informaciones, como la revisión de los antecedentes penales y clínicos de la persona evaluada, para así definir mejor los rasgos psicopáticos.

Se han desarrollado otros instrumentos de medida para la psicopatía, pero, sin lugar a dudas, el más conocido internacionalmente es el de Robert Hare, denominado PCL (*Psychopathy CheckList*), que ha tenido varias ediciones, y cuya última versión se conoce con el nombre de «PCL-R». Este instrumento se desarrolló para aplicarse sobre todo en el medio penitenciario, pero también se han desarrollado otros para detectar los rasgos psicopáticos en entornos no penitenciarios, especialmente en el ámbito laboral.

Como todas las escalas diseñadas para medir rasgos de personalidad, el PCL-R ofrece una perspectiva dimensional, es decir, relaciona la mayor o menor presencia de la psicopatía con una magnitud numérica. Esto presenta el problema de cómo establecer un punto de corte que permita que los individuos con una puntuación por encima del mismo figuren como psicópatas, y no aquellos que estén por debajo. Como en todos los cuestionarios de personalidad, en el PCL-R también es necesario plantear muchas preguntas o ítems y, cuando se tiene un número importante, es necesario agruparlas en factores. El modelo desarrollado por Robert Hare considera que la psicopatía consta de dos factores fundamentales:

1. El primer factor tiene que ver con lo interpersonal y lo afectivo.
   - Dentro de lo interpersonal se encuentran elementos como la superficialidad, una imagen excesiva de sí mismo, la mentira patológica y las conductas manipuladoras.
   - En el componente afectivo se incluyen la falta de sentimientos de culpa o remordimientos, una afectividad superficial, una actitud cruel y carente de empatía, y la imposibilidad de asumir la responsabilidad por la propia conducta.
2. El segundo factor tiene que ver con el estilo de vida y las conductas antisociales y se subdivide, a su vez, en otros dos elementos:
   - El estilo de vida relacionado con la búsqueda de sensaciones, la conducta impulsiva e irresponsable, un estilo de vida parasitario, aprovechándose de otras personas, y la falta de objetivos realistas en su vida.
   - El factor de la conducta antisocial, que encontramos en elementos como el escaso control de la conducta, los reiterados problemas de comportamiento desde la infancia, la delincuencia juvenil, la actitud inmoral durante la libertad provisional, u otros compatibles con una conducta criminal.

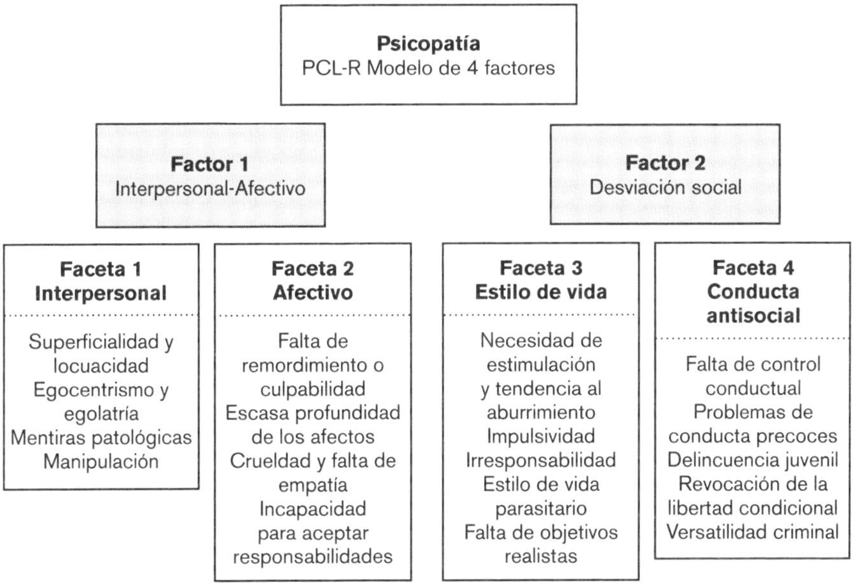

Figura 1: Rasgos psicopáticos. La escala PCL-R (*Psychopathy CheckList Revised*, o lista revisada de verificación en psicopatías) es una herramienta desarrollada por Robert Hare que se utiliza para diagnosticar casos de psicopatía.

Psicopatía, violencia y conducta delictiva

Se tiende a relacionar erróneamente los rasgos psicopáticos con la conducta delictiva. Es cierto que un alto porcentaje de personas con rasgos psicopáticos tiene una conducta criminal, ya que cerca de un 25% de la población penitenciaria cumple con los criterios de psicopatía. Sin embargo, también son muchos los individuos con rasgos psicopáticos que, de una u otra forma, son capaces de triunfar en la vida personal y profesional. Estos no cometen actos delictivos lo suficientemente graves como para ingresar en prisión, aunque sí es cierto que al observar su comportamiento y su forma de relacionarse con los demás presentan conductas claramente antisociales o que podrían considerarse inmorales. Por ejemplo, mienten con frecuencia, manipulan a otras personas, y no se comprometen en las relaciones. Por este motivo, a los psicópatas que ingresan en prisión se les denomina «psicópatas no exitosos», mientras que a los que progresan en su vida y no ingresan en prisión se les llama «psicópatas con éxito».

Otro elemento a tener en cuenta es la distinción entre la psicopatía y el trastorno antisocial de la personalidad (TASP), según se ha definido en las dos principales clasificaciones de trastornos mentales (DSM5 de la Asociación Psiquiátrica Americana, y CIE-10 de la Organización Mundial de la Salud). En cada una de estas clasificaciones aparece el concepto de trastorno de personalidad, que en este libro no analizaremos en detalle por falta de espacio. Sin embargo, sí queremos puntualizar que dentro de los diferentes trastornos de personalidad que aparecen recogidos en ambas clasificaciones está el antisocial de la personalidad, que frecuentemente se confunde con la psicopatía. Los individuos con este trastorno de la personalidad suelen coincidir con los elementos del segundo factor de la psicopatía (la conducta antisocial y el estilo de vida), pero no tienen su componente afectivo, es decir, la frialdad y la falta de remordimientos. La característica que distingue a los individuos con un TASP de los psicópatas es el tipo de violencia. Los psicópatas presentan una violencia instrumental, es decir, una violencia planificada, que surge de una situación, en la que no ha habido agresión previa, y está dirigida a obtener un fin; mientras que, en el caso de los TASP, suele darse la violencia pasional o reactiva, que surge en las situaciones conflictivas.

La conducta violenta de los psicópatas se distingue igualmente de la violencia que puede aparecer en otros trastornos mentales, como en el caso de los psicóticos o la producida por intoxicaciones debidas a sustancias psicoactivas. En todos estos casos no suele aparecer una violencia instrumental, es decir, una violencia utilizada como una herramienta para conseguir un fin.

Subtipos de psicópatas

Además de la distinción que hemos hecho entre psicópata no exitoso y con éxito, investigaciones recientes han determinado que puede haber diferentes subtipos, en función de las causas que han desencadenado la psicopatía. Se ha establecido una distinción entre psicópatas primarios y secundarios, ya que se considera que cada uno de estos dos subtipos tiene un origen neurobiológico diferente:

- Los psicópatas primarios son emocionalmente estables y reaccionan pobremente ante situaciones estresantes.
- Los psicópatas secundarios destacan por su gran emotividad, asociada a la impulsividad y a la hostilidad. Presentan altos niveles de ansiedad y una escasa relación interpersonal. Por consiguiente, desarrollan una mayor irritabilidad y aislamiento social, y carecen de asertividad.

De los psicópatas primarios llama la atención la frialdad y ausencia de resonancia afectiva en un contexto muy emocional y destaca la falta de empatía. Mientras que en los psicópatas secundarios hay una mayor respuesta emocional que con frecuencia se descontrola, desencadenando una conducta violenta. Por ejemplo, si estalla un tumulto en un lugar público, el psicópata primario analiza fríamente la situación y las posibilidades de éxito de enfrentarse a los demás, mientras que el psicópata secundario actúa impulsivamente, atacando, aunque esté en minoría y tenga un alto riesgo de salir perdiendo.

Investigación biológica en la psicopatía

En 1942 Harvey Cleckley afirmó que era «probable que los psicópatas nacieran con algún tipo de defecto biológico que les privaba de la capacidad para sentir o apreciar las cuestiones importantes de la vida, o de reaccionar ante ellas de una manera normal y adecuada». Basándose en esta intuición de Cleckley, un gran observador clínico, se llevaron a cabo numerosas investigaciones sobre la neurobiología de la psicopatía en las décadas siguientes.

Ahora bien, dada la relación entre la psicopatía y la conducta delictiva, la investigación de las posibles causas biológicas tiene importantes connotaciones éticas y legales. La existencia de condicionantes biológicos puede influir en la forma en la que la sociedad considera el castigo que se debe imponer a individuos con terribles delitos violentos a sus espaldas. La razón principal es que estos podrían no ser responsables de la neurobiología que condiciona su comportamiento.

Esta cuestión plantea un problema doble: por un lado, se han alzado voces muy críticas con esta línea de investigación, ya que algunos investigadores proponen que se debería atenuar el castigo de los delitos cometidos por los psicópatas, debido a que padecen una disfunción neurobiológica; y, por otro lado, se plantea el problema de que podemos encontrar estos mismos déficits biológicos en otras personas no psicópatas, y nos podría parecer que tienen un mayor riesgo de llevar una conducta delictiva, lo que podría comportar la marginación e incluso el castigo de estas personas antes de cometer un delito. Aunque las investigaciones en neurociencia han avanzado, no se ha alcanzado el nivel suficiente como para llegar a predecir si alguien va a cometer o no un delito.

En la actualidad se ha abierto un importante debate debido a la mala interpretación que se hace en los medios de comunicación sobre las investigaciones en este campo. Se ha pretendido dar la imagen de que, por el simple hecho de que se encuentre una pequeña anomalía cerebral en un psicópata, esta puede ser considerada la causa directa de la conducta delictiva, cuando en la gran mayoría de los casos no es cierto.

El hecho de que nuestra vida mental resida en el cerebro no implica, necesariamente, que toda nuestra conducta esté determinada única y exclusivamente por la biología de este órgano. Lamentablemente, a fecha de hoy la neurociencia no ha sido capaz de determinar cuáles son las causas últimas del comportamiento humano. Y es evidente que el cerebro es el lugar donde se produce la «vida mental», pero existen muchas causas del comportamiento que tienen que ver con las circunstancias del momento previo a cometer un delito, como el entorno social y familiar, las dificultades económicas, y los diferentes rasgos de personalidad y trastornos mentales relacionados con el consumo de sustancias, u otro tipo de patología.

Nuestra conducta procede, por un lado, de la interacción entre cómo funciona el cerebro con su condicionamiento genético y, por el otro, del entorno en el que nos desarrollamos. Se sabe que las circunstancias ambientales pueden activar más unos genes u otros. Por ejemplo, se ha confirmado que el hecho de haber sufrido malos tratos en la infancia puede producir, a medio y largo plazo, cambios en los niveles hormonales, en las conexiones neuronales, o en el tamaño y la actividad neural de determinadas regiones cerebrales. En definitiva, todo ello puede influir en la configuración de la personalidad.

La idea del condicionamiento biológico conlleva cierto pesimismo, pues no se puede hacer mucho para solucionar un problema preexistente. Aun así, la investigación biológica no debe llevarnos a una postura tan pesimista, pues a medida que conozcamos mejor la neurobiología subyacente de las personas con psicopatía, desarrollaremos nuevas estrategias de intervención con un carácter preventivo.

En este libro vamos a describir el conocimiento sobre el funcionamiento biológico en la psicopatía. Como suele ocurrir en neurociencia, existen diferentes niveles de observación, de manera que vamos a empezar con el estudio genético, y a continuación analizaremos otros elementos que pueden ofrecernos pistas sobre el tema en cuestión, como las hormonas, la neurofisiología y la neuroimagen. Finalmente estudiaremos cómo las circunstancias sociales influyen en el desarrollo de la psicopatía.

LA GENÉTICA. ¿HEREDAMOS LA PSICOPATÍA A TRAVÉS DEL ADN?

Con frecuencia nos preguntamos cuál es el origen de la psicopatía. ¿En qué medida la conducta social desviada que presenta una persona se debe al ambiente en el que se ha desarrollado, y en qué parte es atribuible a la carga genética? ¿El psicópata nace o se hace? Como se podrá figurar el lector, la respuesta a esta pregunta no es sencilla, porque diferentes estudios han arrojado evidencias que sostienen la idea de que tanto la genética como el ambiente tienen una influencia importante en el desarrollo de la psicopatía. En cualquier caso, para intentar responder a esta pregunta disponemos de dos aproximaciones metodológicas: los estudios de genética de la conducta, por un lado, y los estudios de genética molecular, por otro.

Estudios de genética de la conducta

Los estudios de genética de la conducta pretenden desentrañar qué parte de una conducta es atribuible al entorno y cuál a la genética. Para ello tienen una herramienta relevante: los estudios de seguimiento de gemelos monocigóticos, sobre todo cuando han sido adoptados por diferentes familias. Aunque es de sobra conocido, interesa destacar que este tipo de gemelos tienen exactamente la misma información genética. Por lo tanto, si podemos comparar si tienen o no dicha enfermedad, y además estudiar el entorno en el que se han desarrollado, podremos sacar conclusiones interesantes sobre el problema «genética *versus* ambiente». En algunos países escandinavos se realizan registros nacionales de gemelos monocigóticos. Esto permite que los investigadores puedan efectuar estudios sobre cualquier tipo de enfermedad en la que se sospeche que puede existir una influencia genética. Si además, por las razones que fuere, estos hermanos gemelos idénticos son dados en adopción por separado, ello ofrece una oportunidad aún más interesante de investigación.

En primer lugar, hay que destacar que los humanos compartimos el 99% de los genes, que siempre serán los mismos. Así que, a los efectos de la investigación, interesa el estudio de ese 1%, que es la parte variable. En el caso de los gemelos monocigóticos este 1% es idéntico, pero en el caso de los gemelos dicigóticos, de los mellizos, o de los hermanos de padre y madre, hay una coincidencia del 50%. Es decir, hay un 0,05% de la información genética que es diferente. Esta cifra no siempre es la misma en todos los hermanos de padre y madre, sino que es un promedio, de forma que hay hermanos que comparten más del 99,5% y otros que comparten menos.

En los estudios de gemelos se compara la presencia de un rasgo determinado en los gemelos monocigóticos frente a los gemelos dicigóticos. Si la coincidencia del rasgo es mucho mayor en los primeros, en una muestra numerosa de sujetos, podemos afirmar que hay una mayor probabilidad de que el rasgo sea atribuible a factores genéticos.

Cuando se realizan estos estudios nos encontramos con un problema: puede haber varios genes que están influyendo en un rasgo. En este caso, el efecto de los genes puede ser sumatorio o no sumatorio. Si el efecto de los genes se suma, vamos a encontrar que la coincidencia en los gemelos dicigóticos es del 50%, pues este es el porcentaje de genes que se comparte entre los hermanos. Como es lógico, en los gemelos monocigóticos la coincidencia será del 100%.

Conceptos básicos sobre genética

Antes de entrar más en detalle en la genética conviene explicar unos cuantos conceptos básicos:

Gen: en biología, un gen es una secuencia de ADN o ARN que codifica una molécula con una función. La transmisión de genes a la descendencia de un organismo es la base de la herencia de los rasgos fenotípicos. Estos genes componen diferentes secuencias de ADN, llamadas genotipos. Los genotipos, junto con los factores ambientales y de desarrollo, determinan cuáles serán los fenotipos. La mayoría de los rasgos biológicos están bajo la influencia de muchos genes diferentes, así como de las interacciones entre los genes y el ambiente. Algunos rasgos genéticos son visibles inmediatamente, como el color de ojos o la cantidad de miembros, y otros no, como el tipo de sangre, el riesgo de contraer enfermedades específicas o los miles de procesos bioquímicos básicos que constituyen la vida.

Alelo: es una variante de un gen determinado. A veces, diferentes alelos pueden dar como resultado diferentes rasgos fenotípicos observables, como una pigmentación diferente. Un ejemplo notable de este rasgo de la variación del color es el descubrimiento de Gregor Mendel de que los colores de las flores blancas y moradas en las plantas de guisantes eran el resultado de rasgos de «línea pura», que podrían usarse como control para futuros experimentos. Sin embargo, la mayoría de las variaciones genéticas producen escasas variaciones observables o ninguna. La mayoría de los organismos multicelulares tienen dos conjuntos de cromosomas; es decir, son diploides. Estos cromosomas se conocen como «cromosomas homólogos». Si ambos alelos en un gen (o locus) en los cromosomas homólogos son los mismos, ellos y el organismo son homocigotos con respecto a ese gen (o locus). Si los alelos son diferentes, ellos y el organismo son heterocigotos respecto a ese gen.

Mutaciones: los genes pueden adquirir mutaciones en su secuencia, dando lugar a diferentes variantes, conocidas como alelos. Estos codifican versiones ligeramente diferentes de una proteína, que causan diferentes características fenotípicas. El uso del término «que tiene un gen» (por ejemplo, «genes buenos», «gen del color del cabello») se refiere típicamente a que contiene un alelo diferente del mismo gen compartido. Los genes evolucionan, debido a la selección natural o la supervivencia del alelo más apto.

Cuando el efecto de los genes no es sumatorio, quiere decir que los genes se configuran de una única manera para formar el rasgo de personalidad, en lugar de tener un efecto acumulativo con otros genes. Esto implica que, si cambia uno solo de los genes, entonces el rasgo puede no aparecer. Los efectos no sumatorios de los genes pueden ser de tres tipos:

- Dominancia: significa que si existen alelos (variantes de un gen), el fenotipo será el del alelo dominante, en lugar de ser una suma de ambos alelos. Por ejemplo, supongamos que los alelos de color de ojos marrón son dominantes, y los de color azul son recesivos. Si un individuo tiene un alelo de color de ojos marrón y otro alelo de color azul, su fenotipo será de color marrón. Si el efecto fuera aditivo, sería una mezcla de azul y marrón. Si el fenotipo se transmite por dominancia, la coincidencia en los gemelos dicigóticos será un 25% de la que encontramos en los monocigóticos.
- Epistasis: en este caso, el efecto de un gen modifica o interrumpe la expresión de otro. De esta forma, el hecho de que aparezca una alteración en un gen no implica necesariamente que cambie el fenotipo, pues puede que cuando el gen esté activo, exista otro que interrumpa su expresión. Por ejemplo, una persona puede tener el gen de la calvicie y el gen de tener el pelo marrón, y acaba siendo calvo. En este caso, decimos que el gen de la calvicie es epistático sobre el gen del pelo marrón, que es hipostático.
- Emergénesis: la presencia del rasgo se debe a que se ha producido una combinación específica de varios genes que interactúan entre sí. En este caso la herencia no se transmite en una línea familiar de padres a hijos. Por ello, no se detecta en los gemelos dicigóticos, y sí aparece en los monocigóticos.

El funcionamiento de un gen en particular puede depender de la presencia de otros genes, así como de factores ambientales, que pueden tener la capacidad de alterar la manera en que los genes se expresan. Por ejemplo, determinadas circunstancias pueden hacer que un gen determinado se active para generar una proteína determinada, o se desactive y deje de transcribirse.

Por ello la relación directa entre un único gen y una conducta o rasgo suele ser poco relevante. No hay que olvidar que los genes solo codifican la creación de proteínas, que a su vez pueden tener diferentes funciones, e interaccionan unas con otras, lo que añade todavía más variabilidad a la conducta del sujeto. Por todo ello, para llegar a conclusiones sólidas es necesario que los estudios cuenten con un alto número de sujetos en su investigación. Y con cada uno de ellos es necesario realizar entrevistas clínicas detalladas y obtener muestras de ADN. Esto supone un alto coste económico.

Datos de estudios sobre genética de la conducta

Hasta hace poco los estudios de genética de la conducta se han centrado en la conducta antisocial (delictiva), más que en otros rasgos de la psicopatía. Sin embargo, en los últimos años, algunos estudios han puesto el foco en los elementos propios de la personalidad del psicópata, con hallazgos interesantes, como estos:

- «Heredabilidad» de los rasgos psicopáticos: diferentes estudios coinciden en que entre el 40 y el 60% de la variación de los rasgos psicopáticos es atribuible a factores genéticos. Estos porcentajes son similares a los arrojados por otras investigaciones sobre la «heredabilidad» de determinados rasgos de la personalidad. Esto quiere decir que los factores ambientales influyen prácticamente en igual medida que los genéticos. Más adelante describiremos otros estudios sobre diferencias biológicas entre psicópatas y no psicópatas, pero el hecho de que existan esas diferencias no implica que se deban a factores genéticos, pues se sabe que hay factores ambientales que pueden condicionar la actividad cerebral y hormonal.

- Efecto sumatorio de varios genes: se han identificado varios genes que pueden influir en la aparición de la psicopatía. Parece que el efecto de unos genes se sumaría al de otros. Así pues, no parece que la psicopatía se pueda atribuir al efecto de un único gen. Dicho de otra manera, cuantos más genes relacionados con la psicopatía tenga un individuo, mayor probabilidad tendrá de desarrollar rasgos psicopáticos. Se llega a esta conclusión porque la correlación entre estos genes y la conducta psicopática en gemelos dicigóticos es el 50% de la que aparece en los gemelos monocigóticos.
- Estabilidad de los rasgos psicopáticos a lo largo de la vida: otro hallazgo importante sobre la influencia de los factores genéticos tiene que ver con la estabilidad de la psicopatía a lo largo de la vida. Cuando el peso de la influencia recae sobre los factores genéticos, los rasgos de psicopatía se mantienen a lo largo de toda la vida. Sin embargo, cuando la psicopatía se debe más a factores ambientales, esta suele atenuarse al llegar a la vejez. Esto se observa en los psicópatas secundarios, cuya impulsividad e inestabilidad emocional se suele atenuar con el paso de los años.
- Los factores ambientales relacionados con la psicopatía son los no compartidos por los gemelos dicigóticos: entre los factores ambientales, distinguimos los compartidos y no compartidos. Los compartidos han estado presentes en ambos gemelos (por ejemplo, circunstancias socioeconómicas,

entorno familiar, estilo educativo, etcétera). Mientras que, para los no compartidos, cada gemelo ha estado expuesto a situaciones diferentes. El factor de mayor relevancia suele ser el grupo de amigos.

- Los diferentes elementos de la psicopatía tienen diferente «heredabilidad»: como hemos comentado antes, el constructo de psicopatía está formado por diferentes elementos, uno tiene que ver con la vida afectiva (falta de empatía, por ejemplo) y otro con la conducta social y el estilo de vida. Gracias a los estudios de genética de la conducta es posible analizar si cada uno de estos elementos tiene un patrón de herencia diferenciado.
- Se trata de una cuestión controvertida, pues en algunos estudios se ha concluido que el factor genético se relaciona con diferentes elementos de la psicopatía. Sin embargo, otros investigadores han encontrado que la «heredabilidad» de cada uno de estos elementos es diferente en cada caso. Esto significa que, aunque puede haber un factor genético general que influya, también hay otros factores genéticos que, por ejemplo, producen mayor o menor impulsividad, o bien mayor o menor resonancia emocional y capacidad de empatía.
- Mecanismo de actuación de los genes: se ha investigado cómo actúan los genes sobre el funcionamiento cerebral y, finalmente, cómo actúan sobre la conducta. En un estudio (publicado en 2010 por investigadores del King's College de Londres) se analizó la concentración de sustancia gris en zonas de la corteza cerebral que se han relacionado con la psicopatía; en concreto en dos áreas: el cíngulo posterior, y el cíngulo anterior dorsal derecho. En los gemelos dicigóticos se encontró que había una «heredabilidad» clara en estos parámetros neuroanatómicos. Por ello se especula que algunos genes relacionados con la psicopatía pueden actuar a través de la concentración

de sustancia gris en el cíngulo, lo que produciría los rasgos de esta estructura de personalidad.

Por lo tanto, ahora sabemos que el origen de la psicopatía es atribuible, a partes iguales, a los rasgos genéticos, y a las circunstancias ambientales. Estos estudios no permiten identificar los genes que actúan sobre la psicopatía, pero sí ofrecen una idea general de cómo se produce la transmisión genética de padres a hijos. A partir de ahí, se puede investigar con otras técnicas para identificar esos genes concretos. Y ese es el siguiente paso: el de los estudios de genética molecular. Dada la inmensa cantidad de genes que tiene cada ser humano es necesario que los investigadores puedan centrarse en unos pocos genes y buscar si tienen o no cierta asociación con la psicopatía. Para ello existen diferentes técnicas, que explicaremos a continuación. Por un lado están los denominados Estudios de genes candidatos, y por otro los Estudios de Asociación en Genoma Completo (GWAS – *Genome Wide Association Studies*).

Estudios de genética molecular: genes candidatos

La identificación de genes concretos a los que se pueda atribuir el origen de la psicopatía está todavía en sus inicios. Es probable que en un futuro no muy lejano podamos saber qué genes actúan a nivel cerebral (y mediante qué mecanismos), y de este modo comprender mejor este problema, y también desarrollar estrategias de prevención y tratamiento para quienes padecen psicopatía.

Sin embargo, a medida que vamos conociendo la estructura y el funcionamiento del cerebro y su origen genético, se pueden elaborar hipótesis sobre posibles genes a estudiar. En el caso que nos ocupa, ya se han identificado algunos genes que sospechamos que tienen algo que ver con la psicopatía, por ejemplo, los que regulan el desarrollo de las estructuras cerebrales relacionadas con la empatía y la expresión emocional.

Llegados a este punto, es posible hacer estudios en los que se analiza el ADN de sujetos que no tienen el rasgo (psicopatía) y se compara con el de otros que sí lo tienen (diseño de casos y controles), para comprobar si hay coincidencias. Ahora bien, es un tipo de investigación complicada, pues como ya sabemos desde hace cien años cada ser humano hereda un alelo (variación del gen) de cada progenitor, por lo que, si el gen tiene varias posibilidades, se puede combinar de diferentes formas, lo que desvirtúa el resultado de la comparación.

En cualquier caso, cuando nos planteamos el estudio de un gen candidato, lo más importante es que este se realice con una muestra muy amplia de individuos, con el fin de reducir la probabilidad de obtener resultados erróneos.

Genes relacionados con los sistemas de recompensa

En el caso de la psicopatía, cuando los investigadores se han planteado qué genes estudiar han buscado aquellos que tienen que ver con otros trastornos mentales relacionados con la psicopatía. En este caso, tenemos las conductas adictivas. Muchos psicópatas sufren problemas de abuso o dependencia del alcohol u otras sustancias psicoactivas. Las adicciones están muy relacionadas con un neurotransmisor[1] cerebral: la dopamina. Por ello, los genes

[1] Los neurotransmisores son sustancias químicas endógenas que permiten la neurotransmisión. Se trata de un tipo de mensajero químico que transmite señales de una neurona a otra a través de una sinapsis química. Se desconoce el número exacto, pero hasta el momento han sido identificados más de 200 mensajeros químicos.

que tienen que ver con este mensajero químico son de especial interés. Cuando hablamos de un neurotransmisor hay que fijarse en cómo se sintetiza en la neurona, dónde está el receptor neuronal en el que actúa, y cómo se degrada. Cada una de estas fases está regulada por una proteína que, a su vez, está controlada por un gen. En la actualidad ya se conocen los genes que controlan estas proteínas y se pueden estudiar en su asociación con la psicopatía. Se han identificado una decena de «genes candidatos» relacionados con la psicopatía. La mayor parte tienen que ver con los mecanismos de recompensa que se activan en el cerebro, especialmente en el núcleo accumbens. La hipótesis principal que manejamos en la actualidad considera que hay una alteración en los mecanismos de búsqueda de recompensa del cerebro. Todos los seres humanos tenemos la tendencia a desarrollar conductas que, en última instancia, nos lleven a obtener placer. Sin embargo, en la mayoría de los individuos esa búsqueda del placer puede ser modulada o retrasada, en función de las circunstancias actuales o los objetivos a largo plazo del individuo. Por ejemplo, la comida es una fuente de placer, pero nos solemos moderar para no ganar peso o para cuidar la salud.

Sin embargo, hay personas que tienen más dificultades para controlar su ingesta alimentaria, y esto les lleva a darse atracones de comida de los que luego se arrepienten. Situaciones parecidas pueden aplicarse a la conducta sexual, o incluso a la violencia.

Creemos que, en la psicopatía, una alteración en los sistemas de recompensa del cerebro provoca que no se tengan en cuenta las limitaciones para obtener placer, y por ello se cometen delitos como, por ejemplo, las agresiones sexuales. Estas alteraciones en los sistemas de recompensa explicarían que los psicópatas sean personas más impulsivas.

Genes relacionados con el condicionamiento aversivo

El condicionamiento aversivo es un paradigma conductual en el cual los organismos aprenden a predecir situaciones que producen aversión. Es una forma de aprendizaje en la que un estímulo aversivo (por ejemplo, una descarga eléctrica) se asocia con un contexto neutro particular (por ejemplo, una habitación) o un estímulo neutro (por ejemplo, un tono), dando como resultado la expresión de respuestas de miedo a esos estímulos neutros, incluso cuando se presentan aislados, sin el acompañamiento del estímulo aversivo.

Pues bien, se ha encontrado una alteración en los genes relacionados con el aprendizaje por el castigo (un condicionamiento aversivo) que podría estar relacionada con la psicopatía. Hay unos genes que regulan los receptores neuronales de unas sustancias endógenas, producidas por el propio cuerpo, y que son parecidas a los componentes tóxicos del cannabis: los endocannabinoides. En los últimos años, se ha descubierto que, si se producen alteraciones en estos receptores, se aprende con más dificultad de las situaciones dolorosas (aversivas).

La principal estructura del cerebro que regula la respuesta emocional es la amígdala. Cuando tenemos una respuesta emocional intensa, la amígdala se activa. Por el contrario, si estamos relajados, la actividad de la amígdala se reduce. Los endocannabinoides actúan sobre la amígdala modulando la actividad y, por lo tanto, la respuesta emocional.

Genes relacionados con el metabolismo de la serotonina

Otro hallazgo interesante en los genes candidatos es el del gen transportador de la serotonina. Este neurotransmisor está relacionado con la impulsividad, de forma que un déficit de esta molécula se asocia con una mayor impulsividad.

A pesar de los prometedores avances en este campo, todavía quedan muchos estudios pendientes de realizar que confirmen lo que hasta ahora son solo hipótesis. No está claro que tener alguna de estas alteraciones que afectan a los sistemas de recompensa, a los endocannabinoides o al metabolismo de la serotonina provoque una mayor predisposición a ser un psicópata. Hasta ahora sabemos que en determinadas poblaciones, por ejemplo, en varones jóvenes, son factores de riesgo, pero en las mujeres no está tan claro que tengan el mismo efecto.

Por otra parte, se han realizado algunos estudios en los que se ha analizado si existe algún efecto acumulativo de los diferentes genes candidatos, y parece que este hecho se confirma. Es decir, no parece que exista un único gen que se pueda considerar enteramente responsable de que exista o no psicopatía, sino que se trata más bien de un efecto acumulativo de diversos genes que son factores de riesgo.

Los Estudios de Asociación en Genoma Completo (GWA)

Los estudios GWA se aproximan de forma más sistemática a la genética de la psicopatía y con una estrategia diferente. Su objetivo, por una parte, es obtener muestras muy grandes de individuos con psicopatía (casos) y de otros que están sanos, o no tienen el rasgo que se está estudiando (controles). A continuación, se realiza un estudio de todo el genoma de cada uno de los sujetos y se observa si hay algunos genes que aparecen con más frecuencia en los casos. Una vez identificados, se estudia la función de este gen, y se compara con las hipótesis actuales sobre los mecanismos neurobiológicos en los que se desencadena la psicopatía.

En estos estudios se genera tal cantidad de datos que es preciso analizarlos por ordenador. En la actualidad estos estudios se pueden realizar gracias a que se ha abaratado mucho el coste de los estudios de genética molecular. No obstante (debido a la gran cantidad de genes a estudiar), existe el riesgo de que se produzcan falsos positivos, y que puedan aparecer ciertos genes en quienes tienen psicopatía por azar, y no por asociación real.

De cualquier manera, los estudios GWA realizados en psicopatía son muy escasos. Y los que se han realizado no han encontrado genes que se puedan asociar con la psicopatía. Solo hay un gen que parece tener alguna influencia sobre el desarrollo del cerebro en los primeros años de vida.

Conclusiones sobre la genética de la psicopatía

A la vista de los estudios que se han realizado hasta ahora se puede afirmar que no existen genes específicos de la psicopatía. No se puede establecer una relación causal entre la existencia de una determinada variante del gen y la presencia de psicopatía.

De hecho, hay algunos genes relacionados con la psicopatía que los posee el 30% de la población; y, como es obvio, la gran mayoría de este 30% no son psicópatas. Lo que sí parece claro es que este gen, unido a otros, puede influir de forma decisiva en que aparezca dicho problema: hay muchos genes que producen un pequeño efecto y que, si coinciden con otros, es probable que se pueda terminar desarrollando una psicopatía.

Además, hay otros elementos que deberíamos tener en cuenta, por ejemplo, el problema de cómo influye el entorno en la aparición de la psicopatía. Es probable que algunas personas tengan la posibilidad de desarrollar este rasgo, pero para que esto ocurra es necesario que reciban determinados estímulos ambientales a los que no todos estamos expuestos.

El hecho de que se tenga un gen no supone siempre una condena a padecer la enfermedad. A lo largo del desarrollo filogenético observamos que, aunque los genes interactúen con el ambiente, unos se activan y otros no. Parece como si nuestro genoma fuera una gigantesca biblioteca, y que la zona a consultar dependa de las necesidades de supervivencia que el entorno imponga al usuario de dicha biblioteca.

LA INFLUENCIA DE LAS HORMONAS EN EL COMPORTAMIENTO HUMANO

Algunos estudios han relacionado directamente determinadas hormonas, como la testosterona, con la conducta violenta. Por ello consideramos importante analizar en detalle lo poco que sabemos de estas sustancias endógenas en relación con la psicopatía.

Las hormonas son sustancias segregadas por células especializadas, localizadas en glándulas endocrinas (carentes de conductos), y también en células epiteliales e intersticiales, cuya finalidad es influir en la función de otras células. Pertenecen al grupo de los «mensajeros químicos», que incluye también los neurotransmisores y las feromonas. De hecho, a veces es difícil discernir si un mensajero químico es una hormona o un neurotransmisor. Las hormonas más estudiadas en animales y humanos son las producidas por las glándulas endocrinas, pero casi todos los órganos humanos y animales las producen. En la actualidad existen hormonas naturales y hormonas sintéticas; unas y otras se emplean sobre todo para el tratamiento de ciertos trastornos, como cuando es necesario compensar su carencia o aumentar sus niveles en nuestro organismo.

Las hormonas siempre han sido actores relevantes en la activación de las funciones esenciales para la lucha por la supervivencia; es decir, para enfrentarse a las amenazas del entorno. Pero también tienen una función social, pues permiten que nos relacionemos en entornos sociales respondiendo de una manera o bien sumisa o bien dominante. Las hormonas también influyen en la capacidad para aprender del castigo y la recompensa, o para tener mayor o menor disposición a asumir riesgos. Son muy sensibles a los cambios y las amenazas del entorno, por ello constituyen un importante mecanismo por el cual los factores genéticos y ambientales pueden influir en la conducta.

Viajan a través del torrente sanguíneo, y se unen a receptores tanto en el cerebro como en el resto del cuerpo. Ahora bien, la liberación de las hormonas está muy condicionada por el cerebro, por lo que estudiar el nivel hormonal en sangre en un momento determinado puede dar una idea de la actividad cerebral. En general, un nivel hormonal alterado refleja un funcionamiento cerebral alterado. Pero, por otro lado, las hormonas también actúan en el cerebro, y por ello se consideran una «diana terapéutica».

Las hormonas pueden estudiarse mediante análisis de sangre y de la saliva. Esta última vía es la más habitual, ya que es menos agresiva. Antes de evaluar los resultados del análisis, es necesario tener en cuenta si el paciente se encuentra en reposo o sometido a una situación estresante.

Las dos hormonas que han sido más estudiadas en relación con la psicopatía son el cortisol y la testosterona, porque se ha observado que los psicópatas tienen una menor respuesta al estrés, menor sensación de miedo, mayor agresividad, y mayor búsqueda de sensaciones, procesos en los que ambas hormonas están implicadas.

Como veremos más adelante, en el cerebro de los psicópatas se han encontrado (mediante estudios de neuroimagen) ciertas anomalías estructurales, especialmente en el córtex orbitofrontal y en la amígdala. No está clara cuál podría ser la causa de estas anomalías, pero cabe la posibilidad de que las alteraciones hormonales puedan influir en ellas, en especial las que afectan al cortisol y a la testosterona.

Ahora sabemos también que, en los primeros años de vida, los estresores ambientales pueden afectar al funcionamiento hormonal durante la vida adulta; por ejemplo, el estrés crónico de la madre embarazada o que esta fume durante los últimos meses del embarazo repercuten en el comportamiento hormonal del organismo del hijo en su vida adulta.

Para los investigadores es importante conocer por qué los psicópatas presentan escasa reacción ante las situaciones estresantes. Se sospecha que podría ser debido a alguna alteración en los genes que regulan la acción del cortisol. La presencia de estos genes podría ser un marcador importante en los estudios de genes candidatos, que hemos visto en el capítulo anterior.

El cortisol

Cuando se produce una situación estresante, se genera una señal que parte de diversas zonas de la corteza cerebral, entre ellas el sistema límbico, y llega hasta otra región cerebral, el hipotálamo. Una vez activado el hipotálamo, este produce una hormona denominada Factor liberador de corticotropina (CRF – *Corticotrophin Releasing Hormone*). El CRF accede a otra glándula, la hipófisis, que en su parte anterior libera en la sangre otra hormona denominada hormona adrenocorticotropa (ACTH – *Adrenocorticotrophic hormone*). Es entonces cuando la ACTH activa la glándula suprarrenal, que libera cortisol. Este es el circuito completo del cortisol ante una situación de estrés, aunque esta hormona no es la primera en aparecer en estos casos.

Cuando se produce una situación de estrés, la hormona que se libera en primer lugar es la adrenalina, en apenas unos segundos.

El incremento del cortisol tarda bastante más en detectarse en saliva, unos veinte minutos después de que haya aparecido el estresor.

La función del cortisol es movilizar los recursos del cuerpo para responder a la agresión. El cortisol llega al cerebro, donde se une a los receptores de las neuronas en zonas como la amígdala, el hipocampo y la corteza prefrontal. Este apartado nos resulta especialmente interesante, porque la amígdala es una pequeña área del cerebro que interviene en la generación de los estados emocionales y, particularmente, en la aparición del miedo, las respuestas al castigo y a la recompensa, y la producción de una respuesta de lucha o huida. Si los niveles de cortisol disminuyen, la respuesta al miedo de la amígdala será menor. Diversos estudios han relacionado la psicopatía con una menor respuesta al estrés, menor miedo, y menor respuesta de la amígdala. Los niveles bajos de cortisol también se han relacionado con una menor reactividad al miedo, e incluso con una mayor disposición a asumir riesgos en inversiones financieras. Asimismo se ha detectado que los psicópatas tienen unos niveles de cortisol basal (en ausencia de estrés) menores que quienes no lo son. Incluso en los adolescentes que ya muestran rasgos psicopáticos se ha comprobado que los niveles de cortisol son menores que en los adolescentes no psicópatas.

La testosterona

La testosterona se libera a través del eje Hipotálamo-Hipofiso-Gonadal (HHG). Se especula con que está relacionada con la psicopatía, debido a que sus niveles son mucho más elevados en los hombres que en las mujeres, y esto podría tener una conexión con el hecho de que la prevalencia de la psicopatía y el trastorno antisocial de la personalidad sea mucho mayor en estos. Se ha comprobado que los individuos con altos niveles de testosterona tienen características en común con los psicópatas, por ejemplo, en cuanto a la impulsividad y la búsqueda de nuevas sensaciones. También es habitual en estos que busquen más parejas sexuales, tengan menor estabilidad emocional, y cometan delitos violentos con mayor probabilidad.

Una manera de estudiar la influencia de la testosterona en la conducta es mediante una inyección de dicha hormona, para ver los cambios que produce. Se ha comprobado que se reduce la respuesta de alarma (indicando una menor respuesta de temor), también se reduce la conductividad de la piel (véase el capítulo siguiente), y se dificultan las tareas cognitivas en las que hay que tomar decisiones basándose en el procesamiento de información.

Sin embargo, cuando se han estudiado los niveles de testosterona en psicópatas los resultados no son concluyentes. Sí parece que las personas que tienen una conducta antisocial albergan una mayor probabilidad de que sus niveles de testosterona sean altos, pero no necesariamente tienen rasgos psicopáticos. Esto se ha comprobado en diferentes investigaciones de conducta antisocial, cuyos sujetos presentaban niveles de testosterona más altos que los cortes habituales, ya fueran chicas con trastornos de conducta, adolescentes conflictivos, delincuentes juveniles, mujeres delincuentes, etcétera.

También se han encontrado niveles altos de testosterona en personas que tienen dificultades para encontrar trabajo, que incumplen la ley, con más fracasos matrimoniales o que abusan del alcohol, entre otras sustancias. Si bien no se ha hallado un vínculo claro entre la testosterona y los rasgos psicopáticos, algunos datos sugieren que la testosterona puede interactuar con otras hormonas y predisponer a la psicopatía.

Los efectos combinados del cortisol y la testosterona

Algunos investigadores han sugerido que lo que influye en la psicopatía es un desequilibrio entre el cortisol y la testosterona, de forma que los psicópatas tendrían con más frecuencia unos niveles bajos de cortisol combinados con unos niveles altos de testosterona.

Según este modelo, los dos ejes, el hipotálamo-hipofiso-adrenal y el hipotálamo-hipofiso-gonadal, interactúan y se inhiben el uno al otro. Este desequilibrio podría influir sobre la amígdala, que como se ha visto es una estructura determinante en la aparición de muchos rasgos de la psicopatía. Las neuronas de la amígdala tienen una alta densidad de receptores tanto para el cortisol como para la testosterona, por lo que el desequilibrio entre estas dos hormonas podría provocar un cambio en la respuesta ante situaciones de estrés. Esto produciría una disminución en la respuesta de temor, insensibilidad al castigo, la ausencia de condicionamiento mediante el castigo y la conducta de búsqueda de recompensas.

Por otro lado, el desequilibrio también podría alterar la conectividad cerebral entre la amígdala y la corteza. En individuos a los que se somete a un electroencefalograma se ha observado que la interacción entre la amígdala y otras estructuras se reduce mediante inyecciones de testosterona, mientras que el cortisol produce el efecto contrario.

Este desequilibrio entre los dos sistemas hormonales tiene dos efectos relevantes. Por un lado, durante la toma de decisiones, la información con un mayor contenido emocional llegará con mayor dificultad a la corteza, por lo que no será tenida suficientemente en cuenta. Por otro lado, las regiones corticales tendrán menor capacidad para enviar señales inhibitorias a las regiones subcorticales, lo que producirá alteraciones en la emoción, con inestabilidad emocional y un comportamiento más impulsivo. El hecho de que no se haya encontrado una correlación entre los niveles de cada una de las hormonas, por una parte, y la intensidad de la psicopatía, por otra, refuerza la hipótesis de la existencia de efectos combinados.

Los efectos de otras hormonas en relación con la psicopatía

El cortisol y la testosterona no son las únicas hormonas estudiadas en relación con la psicopatía. Otras dos sustancias menos conocidas comúnmente también han llamado la atención de los investigadores: la hormona dehidroepiandrosterona y la alfa-amilasa.

La dehidroepiandrosterona (DHEA)

La DHEA es un precursor de la testosterona. Se trata de una hormona andrógena que se genera en las cápsulas suprarrenales y las gónadas, y que suele incrementar sus niveles en el organismo de los niños hacia los seis años de edad. Algunos estudios sugieren que la DHEA puede tener mayor influencia en la conducta agresiva después de la pubertad, aunque no está claro cómo se produce. Se ha sugerido que, dado que la DHEA luego se metaboliza como testosterona, el efecto principal que tiene es un aumento de la testosterona disponible.

La alfa-amilasa

En realidad, la alfa-amilasa no es una hormona sino una enzima que se encuentra en la saliva. Sin embargo, tiene importancia en el tema que nos ocupa, ya que se ha establecido una hipótesis que refleja de manera bastante fiable la asociación del estrés con la estimulación del sistema nervioso simpático (SNS), que produce un aumento de los niveles de noradrenalina —el principal neurotransmisor del estrés— en sangre. A su vez, esta ocasiona un incremento de los niveles de alfa-amilasa. Por ello, la alfa-amilasa es un marcador biológico íntimamente relacionado con el estrés percibido en diferentes situaciones fisiológicas y patológicas.

En los últimos años, algunos neurocientíficos han desarrollado técnicas para medir los niveles de alfa-amilasa en los estudios de la conducta humana. De este modo, mediante las muestras de la saliva, se podrían obtener datos de los niveles hormonales de testosterona y cortisol, así como del principal neurotransmisor relacionado con el estrés. Sin embargo, esta técnica ha sido cuestionada por otros investigadores, por lo que hasta ahora no hay muchos estudios concluyentes al respecto.

RELACIÓN ENTRE CONDUCTA Y ACTIVIDAD ELÉCTRICA CEREBRAL: LA NEUROFISIOLOGÍA

Pocos años después de que Harvey Cleckley publicara su libro sobre la psicopatía, *The Mask of Sanity*, el investigador David Lykken realizó un estudio, hoy ya un clásico, utilizando registros psicofisiológicos.[2] Lykken intentó validar empíricamente la descripción clínica de Cleckley respecto a la falta de respuesta emocional de los psicópatas. Para ello midió un parámetro poco estudiado hasta entonces: la secreción de sudor en la palma de la mano mientras se somete al sujeto de estudio a diferentes estímulos que habitualmente producen miedo o ansiedad. Lykken comprobó que los psicópatas tenían una respuesta fisiológica mucho menor en la anticipación de estímulos aversivos como una descarga eléctrica o un estímulo acústico muy intenso. Parecía que no sentían miedo o ansiedad ante la perspectiva de que les llegara un estímulo desagradable.

Para estudiar la psicofisiología de la psicopatía existen dos vías conocidas: por un lado, el control del sistema nervioso autónomo, que controla la actividad de la mayoría de las vísceras, y cuya actividad se puede medir por la resistencia galvánica de la piel (GSR) y la frecuencia cardíaca (FC); y, por otro lado, mediante el registro de la actividad eléctrica cerebral, que se puede medir fácilmente con un electroencefalograma (EEG).

[2] La neurofisiología es la parte de la fisiología que estudia el sistema nervioso. La psicofisiología estudia los fenómenos psíquicos y las leyes que los rigen utilizando los métodos de la fisiología.

El sistema nervioso autónomo

El sistema nervioso autónomo (SNA) es la vía de comunicación que tiene el cerebro con las diferentes funciones que se desarrollan en nuestro cuerpo, sobre todo en las vísceras. Los mecanismos de regulación del SNA están más allá de la conciencia, de ahí que no controlemos voluntariamente nuestra frecuencia cardíaca ni nuestros movimientos intestinales, por ejemplo. Sin embargo, nuestro cerebro sí que influye en ello indirectamente a través del SNA. Hay ocasiones en las que el cuerpo tiene que mantenerse en estado de alerta y luchar por la supervivencia, y para ello se producen cambios (el corazón late más deprisa, la presión arterial aumenta, el tono de nuestros músculos se incrementa, nuestras pupilas se dilatan para ver mejor, etcétera). Como es evidente, son cambios que se relacionan con la supervivencia, ante la sospecha de que se puede sufrir un ataque.

Dentro de las dos ramas del SNA, la que se ocupa de esta lucha es el sistema nervioso simpático (SNS). La otra rama del SNA, llamada sistema nervioso parasimpático (SNP), se encarga de activar las funciones del metabolismo y la alimentación cuando el cuerpo se encuentra en reposo (por ejemplo, durante la digestión).

La reacción de estrés es, en cierto modo, una preparación para la lucha, por ello el SNS desempeña un papel determinante en su activación. Como ya hemos comentado, los psicópatas suelen tener una menor reactividad al estrés que el resto. Por ello, interesa conocer las diferencias en el funcionamiento del SNA entre los psicópatas y el resto de la población.

La frecuencia cardíaca

La frecuencia cardíaca (FC) se encuentra influida tanto por el SNS como por el SNP, por lo que es un parámetro complicado de interpretar en los estudios de estrés. Se estudia midiendo, primero, el parámetro en reposo y, después, se somete al individuo a un estímulo estresante, y se comprueba si se ha producido una aceleración de la FC, pues esta supondría una respuesta emocional ante el estímulo.

Los estudios realizados sobre psicopatía y respuesta de la FC son contradictorios. En algunos se establece que no hay diferencias entre psicópatas y no psicópatas en la FC, ni en reposo ni ante un estímulo estresante. Sin embargo, en otro estudio se compararon los mismos parámetros en tres grupos: controles, asesinos no psicópatas y asesinos psicópatas, y se vio que la FC en reposo era más baja en los psicópatas asesinos y, además, ante un estímulo estresante, la aceleración de la FC era mucho menor. Esto permitiría inferir que la respuesta emocional en los psicópatas es bastante más baja que en el resto de la población.

En otro estudio con adolescentes con rasgos marcados de psicopatía también se encontró que la respuesta de aceleración era mucho menor que en los controles sanos.

La actividad electrodérmica

La actividad electrodérmica es una propiedad del cuerpo humano mediante la que se producen variaciones continuas en las características eléctricas de la piel. Se basa en la teoría de que la resistencia de la piel al paso de la corriente eléctrica cambia en función del estado de las glándulas sudoríparas. La sudoración es controlada por el sistema nervioso simpático, y la conductancia eléctrica es un indicador del nivel de alerta de nivel psicológico y fisiológico. Si el SNS está muy activado, aumenta la secreción de sudor, lo que provoca que la electricidad tenga una mayor conductancia (circula con más facilidad). De este modo, se puede tomar este parámetro como un indicador de la respuesta emocional: a mayor conductancia mayor respuesta emocional. La secreción de sudor y la conductancia de la piel no pueden ser controladas de manera consciente, sino que se regulan por el sistema nervioso autónomo, por lo que mediante este parámetro podemos estudiar la actividad cerebral más allá del control consciente. Sin embargo, este marcador no nos permite saber qué tipo de emoción se ha activado.

Para efectuar el registro se disponen dos electrodos en la piel a unos 2-3 centímetros el uno del otro, luego se hace circular una mínima corriente eléctrica; esto se repite antes de recibir el estímulo y justo después de este. Con el estímulo doloroso (por ejemplo, un pinchazo) se produce un pequeño aumento de secreción de sudor, que al contener agua y electrolitos aumenta la facilidad con que la electricidad circula. Este aumento de la resistencia galvánica de la piel (GSR) es el valor que se controla.

Respecto a los estudios realizados con psicópatas, se ha visto que la conductancia de la piel en este grupo es significativamente menor que en los individuos sanos. También se ha comprobado que tienen menores fluctuaciones de la conductancia, lo que indica que su sistema nervioso simpático (SNS) tiene menos actividad. Esto explicaría por qué los psicópatas tienen una menor respuesta emocional.

La respuesta de orientación

La respuesta de orientación constituye un conjunto de cambios en el sistema nervioso central cuando el sujeto se ve sometido a un estímulo nuevo, que no había experimentado antes. Es la típica respuesta coherente a la pregunta «¿Qué es eso?». Como mecanismo de supervivencia, ante el estímulo novedoso el cerebro activa una respuesta de alerta en la que podemos detectar cambios en el SNS. Para la investigación, inicialmente aplicamos tres estímulos, que pueden ser voces, ruidos de animales, etcétera. Estos estímulos se repiten periódicamente, y en los registros de actividad electrodérmica se puede apreciar que, a medida que se suceden las repeticiones, la respuesta se va aminorando hasta que desaparece, lo que es debido a un mecanismo denominado «habituación». En un segundo momento, se producen nuevos estímulos, diferentes a los anteriores, y otra vez aparece la respuesta de alerta con los cambios electrodérmicos ya mencionados. La respuesta del individuo a estos nuevos estímulos es de especial importancia.

La respuesta de orientación es, también, un indicador de la cantidad de esfuerzo de atención que pone el individuo ante el nuevo estímulo. Es de sobra conocido que los sujetos con déficit en su capacidad de atención tienen con mayor probabilidad una conducta antisocial.

Los estudios de respuesta de orientación de los psicópatas han obtenido resultados bastante contradictorios, en algunos de ellos se han encontrado diferencias, con una menor respuesta en los psicópatas, como cabría esperar con la descripción clínica del trastorno. Pero otros estudios posteriores no han encontrado diferencias.

Un estudio verificó en una muestra de niños que fueron seguidos durante 25 años que aquellos pequeños que cuando tenían tres años presentaron una respuesta de orientación menor, cuando llegaron a los 28 años mostraron una mayor puntuación en la escala de psicopatía PCL-R. Otros estudios en niños han concluido que los que presentan una menor respuesta de orientación suelen tener más rasgos psicopáticos. Como ya se ha dicho, la respuesta emocional de miedo es un mecanismo de supervivencia del cerebro ante las posibles agresiones del entorno. Ser miedosos nos hace estar alerta frente a las agresiones externas que se pueden producir. Los psicópatas no suelen tener estar respuesta emocional de miedo, y esto puede ser una ventaja, ya que les permite analizar el entorno y tomar decisiones más acertadas (mantener la cabeza fría en los momentos de tensión). Sin embargo, esta ventaja tiene un precio, ya que en los momentos de tranquilidad expresan una menor capacidad de empatizar con los sentimientos de la gente próxima. Estos estudios parecen revelar que, ya en los primeros años de vida, se puede detectar qué niños van a tener mayor emotividad y respuesta de ansiedad, y cuáles van a mostrar más rasgos psicopáticos.

Estímulos y condicionamiento aversivos

Otra manera de estudiar la respuesta electrodérmica es valorar la respuesta ante estímulos desagradables de diverso tipo. Se ha comprobado que los psicópatas tienen una respuesta más atenuada ante estímulos como las caras de tristeza o de miedo, o la posibilidad de amenazas, o la exposición a sonidos con un alto componente emocional.

Existen numerosos estudios en poblaciones de psicópatas y parece que hay consenso en considerar que los psicópatas exhiben una menor respuesta ante este tipo de estímulos. Incluso en adolescentes, se ha encontrado que aquellos que tienen una menor respuesta muestran más rasgos psicopáticos.

Los estudios de condicionamiento aversivo también son bastante relevantes en el campo de la psicopatía. Se suele utilizar una metodología muy sencilla, que deriva de los estudios clásicos de Ivan Pavlov con animales. Para ello se aplica inicialmente un estímulo doloroso (estímulo incondicionado), que suele generar una pequeña respuesta de estrés, de forma que cada vez que se aplica ese estímulo se produce un aumento de la conductancia. A continuación, se aplica un estímulo que no produce dolor pero que precede en pocos segundos al estímulo doloroso. De esta forma, a medida que se repite la asociación entre el estímulo neutro (condicionado) y el estímulo incondicionado, el sujeto va presentando la respuesta de estrés con el estímulo condicionado. Es decir, se ha producido un fenómeno de aprendizaje muy básico, de tal forma que un estímulo neutro produce una reacción de estrés (aumento de la conductancia) similar a la del estímulo incondicionado. Este fenómeno del condicionamiento se ha observado no solo en seres humanos sino en la gran mayoría de mamíferos superiores.

Cuando comparamos la respuesta de los psicópatas con la de los individuos que no tienen psicopatía, observamos que en estos últimos se produce un fenómeno de aprendizaje similar al del resto de los animales, y que la intensidad de la respuesta de estrés ante el estímulo neutro es prácticamente similar a la observada en el estímulo incondicionado. Sin embargo, en los psicópatas la intensidad de la respuesta al estímulo condicionado es mucho menor que en el resto de la población.

El condicionamiento aversivo tiene una gran importancia en el proceso de socialización, sobre todo en el desarrollo moral del individuo. Algunos estudios han concluido que los niños de tres años con una menor respuesta al condicionamiento presentan más frecuentemente rasgos psicopáticos en la vida adulta.

El reflejo de alarma

El susto, sobresalto o reacción de alarma es una respuesta de la mente y del cuerpo a un estímulo repentino e inesperado, como por ejemplo la luz de un *flash*, un sonido fuerte o un movimiento rápido cerca de la cara. En las personas, la reacción incluye un movimiento físico al margen del estímulo, como una contracción de los músculos de los brazos y piernas y, a menudo, un parpadeo. También se perciben cambios en la presión sanguínea y en la respiración. Las reacciones musculares se producen en cuestión de pocos segundos, mientras que las demás reacciones requieren más tiempo para desaparecer.

Esta respuesta se puede incrementar si el sujeto se encuentra en un entorno que favorece la ansiedad o el miedo (*Fear-potentiated startle*, FPS). Por eso, el entorno en el que se realizan los estudios de este reflejo es parecido al de una película de terror, donde los estímulos visuales (la película) se asocian a unos ruidos y una música determinada. Para registrar el reflejo, se colocan electrodos cerca de los ojos.

En estos estudios, comparamos la diferencia del tiempo de reacción entre los estímulos positivos y los negativos. Se considera que las personas que tienen una gran diferencia de tiempo entre ambos estímulos (porque con el negativo reaccionan mucho antes) tienen más miedo, y que las que tienen poca diferencia son menos miedosas.

Como cabría esperar, los psicópatas presentan escasa diferencia en el tiempo de respuesta a los dos estímulos. Esto los cataloga como menos proclives al miedo; también en las mujeres con rasgos psicopáticos se ha encontrado un patrón similar.

En el primer capítulo se comentó que la psicopatía se detecta mediante varios factores y uno de ellos es el afectivo. Pues bien, en aquellos individuos con rasgos psicopáticos que tienen menor tendencia al miedo aparece una menor capacidad de empatía (factor afectivo). Los neurocientíficos que han estudiado este fenómeno atribuyen este funcionamiento a un defecto que se produce en la amígdala, que es la estructura cerebral más relacionada con las emociones.

La conclusión que se ha sacado de los diferentes estudios disponibles hasta ahora es que los psicópatas tienen un déficit en la identificación de los estímulos que anticipan un estímulo desagradable o doloroso. Dicho de otra manera, reaccionan igual que el resto ante los estímulos aversivos en cuanto a tiempo e intensidad. Donde aparece una respuesta interesante es en el condicionamiento, es decir, en su respuesta ante el estímulo condicionado. Este es un mecanismo de supervivencia en todos los mamíferos superiores: el miedo. Y el miedo es una respuesta en la que el individuo busca identificar pistas o datos que le anticipen la agresión. Es aquí donde encontramos la gran diferencia en los psicópatas, su cerebro no parece mantener ese nivel de alerta que le hace anticiparse a la potencial agresión.

El electroencefalograma

La electroencefalografía (EEG) es un método de estudio electrofisiológico para registrar la actividad eléctrica del cerebro. Por lo general, no es invasivo, ya que se realiza con los electrodos colocados en el cuero cabelludo, aunquc a veces se usan electrodos invasivos, como en la electrocorticografía. La EEG mide las fluctuaciones de voltaje que resultan de la corriente iónica en las neuronas. En contextos clínicos, EEG se refiere a la grabación de la actividad eléctrica espontánea del cerebro durante un periodo de tiempo, como se registra desde múltiples electrodos colocados en el cuero cabelludo. Las aplicaciones de diagnóstico generalmente se centran en los potenciales relacionados con eventos o en el contenido espectral de EEG. El primero investiga las fluctuaciones potenciales de tiempo bloqueado a un evento, como el inicio de un estímulo o presionar un botón. El segundo analiza el tipo de oscilaciones neurales (popularmente llamadas «ondas cerebrales») que se pueden observar en las señales de EEG en el dominio de la frecuencia. Los derivados de la técnica EEG incluyen potenciales evocados (PE), lo que implica promediar la actividad del

EEG durante un periodo de tiempo hasta la presentación de un estímulo de algún tipo (visual, somatosensorial o auditivo). En los registros de la EEG existen diferentes tipos de ondas, las más lentas indican que hay un bajo nivel de alerta, y las más altas un nivel de alerta máximo. Existen muchos estudios que han detectado alteraciones de la EEG en delincuentes violentos, fundamentalmente ondas lentas en regiones frontales y temporales, es decir, un bajo nivel de alerta en estas zonas. Apenas hay estudios con psicópatas, por lo que no se puede extraer una conclusión clara sobre anomalías de EEG en psicopatía. Las ondas que tienen más interés son las denominadas N1, P2 y P3, que se manifiestan a los 100, 200 y 300 milisegundos. Se considera que los PE se correlacionan con procesos cognitivos, por ello se han comparado los PE de los psicópatas con los de individuos sanos, con los siguientes resultados:

- P100: es una onda que refleja la capacidad de atención del sujeto, que implica la capacidad de mantenerse en estado de alerta y de reaccionar cuando aparezca el estímulo. Cuanto más intenso es el nivel de alerta, mayor es la amplitud de la onda que se registra. Al estudiar esta onda en adolescentes con rasgos psicopáticos se vio que tenía una menor amplitud que en los controles. Esto puede reflejar un déficit en las estructuras neurobiológicas que regulan la atención y en la capacidad de cambiar la atención y reorientarla a otro estímulo que ha aparecido en su campo perceptivo.
- P300: para estudiar esta onda se encarga una tarea al sujeto. Se le somete a una sucesión de estímulos auditivos, unos más agudos y otros más graves. Los graves son más frecuentes. Se le pide que dé una respuesta cuando oiga el estímulo agudo. El resultado esperable es una onda más amplia cuando se produce

el estímulo agudo. Se han realizado numerosos estudios comparando individuos con rasgos psicopáticos con otros que no lo son, y los datos obtenidos son contradictorios. Por ahora no se ha encontrado una correlación clara entre los rasgos psicopáticos y las alteraciones en la onda.

Ha habido otros estudios con diferentes marcadores neurofisiológicos en los que se utilizaban como estímulos imágenes de caras que reflejaban un estado emocional. Parece que los individuos con rasgos psicopáticos tienen más dificultades para identificar las expresiones emocionales, y también presentan una menor reacción en el sistema nervioso autónomo cuando las imágenes expresan el sufrimiento de otras personas. También se han realizado estudios en los que se pide realizar una tarea y, si se falla, se recibe un pequeño estímulo molesto (aversivo). En estos casos se encontró que los psicópatas tenían más dificultades de aprendizaje de la tarea cuando hay estímulos aversivos.

LA NEUROPSICOLOGÍA

Hablaremos ahora de una especialidad que estudia la relación entre las funciones cognitivas superiores, por un lado, y su correlación con una estructura cerebral: la neuropsicología. Desde hace siglos es conocida la relación existente entre sufrir un daño cerebral, más o menos evidente, y el fallo en diferentes áreas de rendimiento intelectual o de la conducta.

Hace más de un siglo y medio se produjo un caso muy conocido, el de un barrenero estadounidense, Phineas Gage, que interesó a los investigadores que estudiaban la relación entre determinadas regiones cerebrales y la conducta humana. En 1848, Gage trabajaba perforando la roca para introducir explosivos en la construcción de una línea de ferrocarril. Para introducir el explosivo en la roca, se utilizaban barras de hierro. Un día, al producirse un accidente, la barra de hierro salió disparada, como un misil, impactando en su cabeza, como si se tratara de una lanza que la atravesara. La barra medía más de un metro de largo y tenía un diámetro de 3,2 centímetros.

Sorprendentemente, Phineas Gage no murió. Si bien perdió la vista de un ojo, aparentemente no tenía ningún déficit neurológico; se recuperó satisfactoriamente. Su accidente tuvo un gran impacto en la opinión pública y el caso se publicó en numerosos diarios de la época.

Sin embargo, poco tiempo después, Gage perdió su trabajo en el ferrocarril e intentó conseguir y conservar otros empleos, pero no le duraban mucho tiempo, porque algo había cambiado en él.

Figura 2: El caso de Phineas Gage. Las primeras asociaciones entre regiones cerebrales y funciones cognitivas se basaban en lesiones y casos-estudio específicos. Fue el caso de Phineas Gage, después de que una barra de metal le atravesara el cráneo tras una explosión. Gage sobrevivió al accidente, pero su carácter se alteró en extremo.

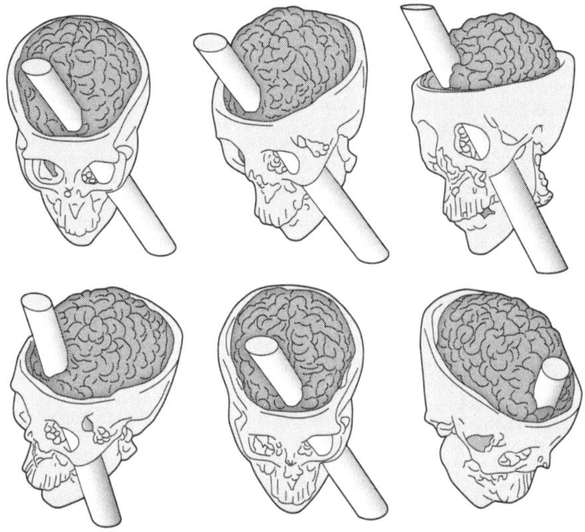

Parecía que ya no era el mismo. Empezó a ganarse la vida en un circo, exhibiendo las secuelas de su accidente y la barra que había atravesado su cráneo. Existen fotos espectaculares de la época y, tras su muerte, se estudió su cráneo. De hecho, con las modernas técnicas de neuroimagen, se han podido reconstruir las áreas del cerebro afectadas.

Después de 170 años, el caso de Phineas Gage sigue siendo objeto de interés y es un referente en los tratados de neuropsicología. Sorprendentemente, Gage no solo sobrevivió al accidente, sino que se mantuvo consciente en todo momento. La crónica de la época relata incluso que habló a los pocos minutos. Después del accidente lo llevaron en una carreta varios kilómetros hasta la consulta del doctor Harlow, uno de los médicos del pueblo, que fue quien dejó constancia de su evolución, ya que Gage seguía consciente durante el traslado.

Sobrevivir a una explosión y a una herida como esa con la rudimentaria medicina de la época y seguir siendo capaz de andar y hablar racionalmente es sorprendente. No menos sorprendente es que, dos meses después, el doctor Harlow considerara que Gage estaba completamente recuperado, y le diera el alta.

Podemos conocer lo que ocurrió a partir del relato que el doctor Harlow escribió veinte años después del accidente. Como ya hemos dicho, la recuperación física de Gage fue completa. Sin embargo, en palabras del propio Harlow «el equilibrio entre su facultad intelectual y sus propensiones animales se había destruido». Transcurrida la fase aguda, Gage se volvió irregular, irreverente, blasfemo e impaciente. A veces era obstinado cuando le llevaban la contraria, pero pese a que continuamente estaba pensando en planes de futuro, «los abandonaba mucho antes de prepararlos», y era muy bueno a la hora de «encontrar siempre algo que no le convenía». Esto contrastaba con el hecho de que antes del accidente era un hombre responsable.

El caso de Gage está considerado como una de las primeras pruebas científicas que sugieren que una lesión del lóbulo frontal puede alterar aspectos de la personalidad, la emoción y la interacción social. Antes de este caso (y bastante tiempo después), los lóbulos frontales se consideraban «estructuras silentes» (sin función) y sin relación alguna con el comportamiento humano.

El neurólogo António Damásio ha estudiado en profundidad el caso de Phineas Gage, así como el de otros pacientes similares. En la «Teoría del marcador somático» sugiere que existe una relación entre los lóbulos frontales, la emoción y la toma de decisiones. Asimismo, considera este caso como histórico al dar comienzo al estudio de las bases biológicas del comportamiento. También la investigadora Hanna Damásio ha profundizado en el conocimiento del caso de Phineas y en la localización de sus lesiones, utilizando los restos del cráneo y la barra para hacer una simulación por ordenador de su posible trayectoria, concluyendo que la barra había afectado la zona medial de ambos lóbulos frontales.

El caso de Gage también es un pilar básico en el concepto de funciones ejecutivas, que residen en los lóbulos frontales. Las funciones ejecutivas son aquellas que permiten dirigir la conducta hacia un fin e incluyen la capacidad para planificar, llevar a cabo y corregir la conducta.

Mediante el estudio de quienes han sufrido un daño cerebral en una región del cerebro, y su repercusión en su conducta y rendimiento intelectual, podemos deducir la función de la zona dañada en la conducta y en el rendimiento intelectual. Los neuropsicólogos han desarrollado test que permiten «medir» el funcionamiento de estas regiones afectadas y cuantificar su rendimiento.

Con estos test, en los sujetos que no tienen, aparentemente, un daño cerebral, podemos estudiar su rendimiento y, si encontramos déficits, podemos inferir que tienen una alteración en esta región cerebral. En lo que a la psicopatía se refiere, podemos aplicar estos test a los pacientes con rasgos psicopáticos, con la esperanza de hallar alteraciones que podamos correlacionar con una región cerebral.

E incluso sin administrar test podemos encontrar conductas que aparecen tanto en los psicópatas como en los individuos con daño cerebral, como ocurrió en el caso de Phineas Gage. Desde ese caso hasta hoy se han estudiado miles de pacientes con daño cerebral y se tiene ya una idea bastante aproximada de la repercusión de cada región cerebral en la conducta humana. Analicemos ahora algunas regiones interesantes.

La corteza orbitofrontal y ventromedial prefrontal

En primer lugar, tenemos la corteza orbitofrontal (COF), y otra muy cercana, llamada corteza ventromedial prefrontal (CVMPF). Esta zona del cerebro está situada en el lóbulo frontal, justo encima de los ojos (el hueso que los recubre se denomina órbita).

Esta región cerebral tiene una importante función en la conducta humana, como la evaluación del riesgo, la percepción del miedo, la toma de decisiones y el autocontrol. Y su peso es relevante, también, en la conducta moral.

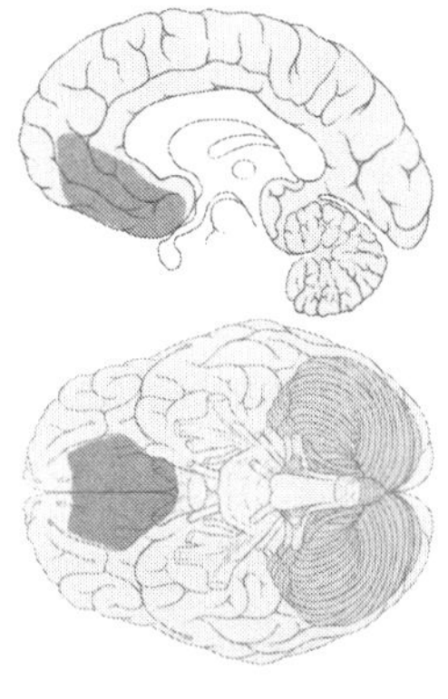

Figura 3: La corteza orbitofrontal y ventromedial.

Esta zona está situada en un lugar estratégico del cerebro ya que recibe información de las regiones que condicionan las emociones (amígdala), y de otras que procesan información y que están situadas en el lóbulo frontal. Las conexiones de la corteza ventromedial prefrontal (CVMPF) se van estableciendo en la adolescencia y en la juventud. Se ha comprobado que niños que tienen dañada esta región cerebral suelen presentar una conducta antisocial grave, y la toma de decisiones morales está muy alterada. Estos pacientes se caracterizan por tener falta de empatía, dificultad en el control de las emociones, impulsividad, conducta desinhibida, escasa planificación y «aplanamiento» de las emociones. También se ha observado que cuanto más pronto se produce el daño en esta región, más graves son las consecuencias en la conducta.

La toma de decisiones

En estos pacientes, llama la atención que, aun teniendo una capacidad intelectual aparentemente normal, la toma de decisiones a nivel personal o social es defectuosa. Son personas que no son capaces de aprender de sus errores, y repiten la misma conducta una y otra vez. Del mismo modo, en su conducta siempre buscan una recompensa o un placer inmediatos, sin tener en cuenta las consecuencias a medio o largo plazo. Existen estudios muy interesantes, como el Juego de azar de Iowa, en los que se ofrece dinero a los sujetos con los que se experimenta si consiguen realizar la tarea. En estos estudios, el refuerzo positivo es obtener dinero y el aversivo es perderlo. Para conseguir ganar dinero los sujetos tienen que desarrollar una estrategia acertada. En estos contextos, los sujetos con rasgos psicopáticos y los que tienen lesiones en la amígdala y en CVMPF suelen tener un peor rendimiento que los controles sanos.

Los juicios morales

Otro hallazgo llamativo es el fallo en los juicios morales. Se ha estudiado a estos pacientes con daños en la corteza orbitofrontal

(COF) para ver cómo funciona su toma de decisiones ante situaciones hipotéticas. Llama la atención que las decisiones que toman en casos concretos son muy diferentes a las que tomarían de acuerdo al sistema de valores que ellos mismos dicen poseer.

En este caso, se aplica un paradigma de experimentación conocido como el «Dilema del tranvía» (*Trolley problem*; véase el recuadro «El dilema del tranvía», en la pág. 70). Esta alteración del CVMPF puede ser debida tanto a lesiones cerebrales como a problemas emocionales ambientales en los primeros años de vida. Las situaciones de abandono, negligencia o malos tratos en los primeros años de la infancia también repercuten en el proceso de maduración cerebral del CVMPF. Sea una u otra la causa, sabemos que, cuanto más pronto se produzca el daño en esta región cerebral, más importante será la alteración de la conducta.

La amígdala

Otra región cerebral de interés es la amígdala, que es un conjunto de núcleos de neuronas localizadas en la profundidad de los

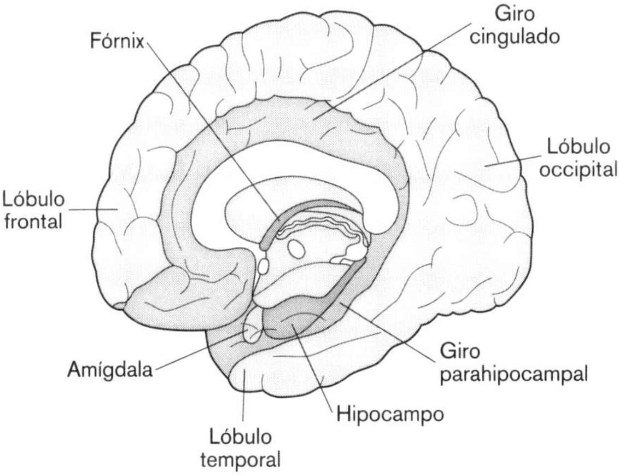

Figura 4: Localización de la amígdala y de otras regiones cerebrales implicadas en los rasgos psicopáticos.

El dilema del tranvía

En este paradigma se plantea la siguiente situación imaginaria: un tranvía corre fuera de control por una vía, y un filósofo malvado ha atado a cinco personas a la vía por la que circula. Nosotros nos encontramos frente a un botón que nos permitiría desviar al tranvía a otra vía, pero el filósofo malvado está en todas y también ha atado a una persona en esa vía hacia la que podemos desviar el tranvía. ¿Cuál es la opción moralmente correcta? ¿Debemos pulsar el botón y convertirnos en partícipes activos de la muerte de la persona atada a la vía alternativa? ¿U optamos por la

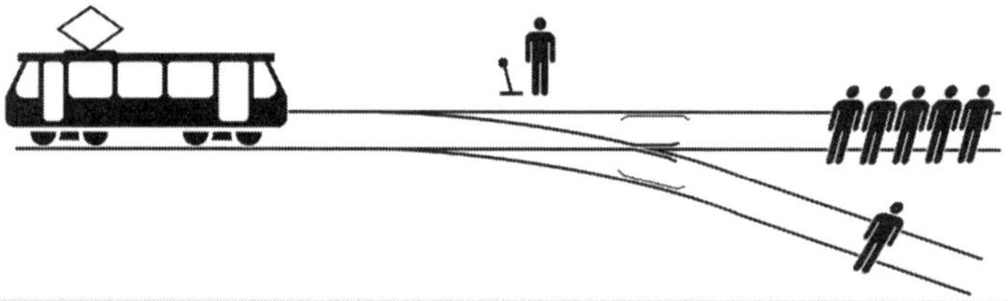

Figura 5: El dilema del tranvía.

lóbulos temporales. La amígdala forma parte del sistema límbico, y su papel principal es el procesamiento y almacenamiento de las reacciones emocionales.

Las regiones descritas como «amígdala» en realidad abarcan una serie de núcleos con distintos atributos funcionales, llamada «complejo amigdalino». Entre esos núcleos se encuentra el grupo basolateral, el núcleo centromedial y el núcleo cortical. El grupo basolateral, a su vez, se puede dividir en núcleo lateral, basal y núcleos basales accesorios.

La amígdala envía proyecciones al hipotálamo (encargado de la activación del sistema nervioso autónomo), a los núcleos reticulares para incrementar los reflejos de vigilancia, paralización y escape/

inacción y dejamos que el tranvía siga su curso, lo que causará cinco muertes, pero al menos nosotros no seremos responsables directos de ellas?

La mayoría de las personas a las que se plantea este problema creen que es lícito accionar el interruptor. Creen que no solo es una opción aceptable, sino que es la mejor opción desde una perspectiva moral, teniendo en cuenta la alternativa.

En los estudios sobre la psicopatía se han desarrollado algunas variantes de este famoso problema. En una de ellas se plantea a los sujetos la siguiente cuestión: en vez de una vía alternativa y un botón con el que desviar el tranvía, la única opción para evitar la muerte de las cinco personas atadas a la vía principal es arrojar a la vía a otra persona, que evidentemente será arrollada por el vehículo y morirá, pero que lo hará descarrilar y evitará la muerte de las otras cinco. ¿Cuál sería la conducta del sujeto ante esta nueva disyuntiva? Casi todo el mundo responde que no arrojarían a nadie a la vía del tren para salvar a los otros cinco. Sin embargo, los individuos con daños en la corteza ventromedial prefrontal (COVMPF) suelen responder, en un porcentaje muy superior a los controles, que sí consideran apropiado arrojar a una persona a las vías del tren. Los sujetos con rasgos psicopáticos suelen dar una respuesta similar.

Esto sugiere que el CVMPF es una estructura cerebral importante en el razonamiento moral, sobre todo, porque permite que el sujeto tenga en cuenta las emociones y el sufrimiento que puede tener la víctima potencial.

huida, a los núcleos del nervio trigémino y facial para las expresiones de miedo, al área tegmental ventral, el locus coeruleus, y el núcleo tegmental laterodorsal para la activación de neurotransmisores como la dopamina, glucocorticoides, noradrenalina y adrenalina (muchos de estos neurotransmisores están estrechamente vinculados a las respuestas al estrés y, en particular, al distrés o estrés negativo).

Los pacientes que tienen dañada la amígdala presentan un patrón de conducta muy similar al observado en los psicópatas. Se ha comprobado que tienen una menor sensación de peligro, y muestran escasa reactividad emocional cuando relatan acontecimientos traumáticos importantes de su pasado. Sin embargo, su nivel intelectual está dentro de la normalidad. También tienen menor respuesta de aprendizaje en el condicionamiento aversivo. Otro hallazgo interesante es la dificultad que tienen estos pacientes para reconocer expresiones faciales de miedo, algo que, como se ha visto, también sucede en los psicópatas.

Así pues, el hecho de que quienes tengan la amígdala dañada padezcan estas alteraciones refuerza la hipótesis de que la amígdala es necesaria para estas funciones, y, por lo tanto, que estos mismos déficits que tienen los psicópatas se deben a un funcionamiento alterado de la amígdala.

Sin embargo, tanto los lesionados en la corteza orbitofrontal (COF), como en la corteza ventromedial prefrontal (CVMPF) o en la amígdala, aunque presentan algunos rasgos conductuales coincidentes con la psicopatía, no tienen el conjunto de manifestaciones que se encuentran en los psicópatas; por ejemplo, en la agresión instrumental, que es frecuente en los psicópatas y muy rara en los pacientes con lesiones en estas áreas cerebrales.

Por otro lado, los pacientes con lesiones cerebrales también tienen dificultades en su relación social, es decir, tienen problemas a la hora de analizar el contexto social en el que se encuentran. Y esto ocurre con mucha menos frecuencia en los psicópatas, que tienen buenas habilidades sociales que les permiten manipular a sus víctimas. Hay numerosos estudios sobre estos temas realizados en pacientes con rasgos psicopáticos, entre los que vamos a destacar los más relevantes.

Reconocimiento de la expresión facial de miedo

Esta técnica consiste en mostrar al sujeto una sucesión de imágenes de expresiones faciales y se le pide que avise cuando se le muestra una imagen que exprese la emoción de tristeza o miedo.

Los sujetos de experimentación detectan las caras con rapidez. En cambio, cuando se ha comparado a los adolescentes con rasgos psicopáticos con los normales, se ha encontrado que aquellos tardaban más tiempo en identificar los rostros que los controles sanos. Un estudio similar se realizó con internos penitenciarios; obtuvo idénticos resultados.

Reconocimiento de diferentes entonaciones de voz
En otro estudio basado en el mismo concepto se pide a los sujetos que escuchen una sucesión de palabras leídas con entonaciones diferentes, que reflejan distintos sentimientos (miedo, enfado, etcétera).

Se les pide que identifiquen lo más pronto posible las expresiones y las relacionen con determinadas emociones. Al igual que con las expresiones faciales, los sujetos con rasgos psicopáticos también tienen dificultades para identificar las emociones asociadas a las palabras escuchadas.

Se ha planteado la hipótesis de que los individuos que tienen dificultades para reconocer los sentimientos ajenos también las tendrán para socializar. Esto se debe a sus problemas para aprender del rechazo social, o incluso del castigo, para adaptar el comportamiento a lo esperado socialmente. Por ello, estas personas suelen protagonizar incidentes en los que hay una conducta violenta, ya que no son capaces de identificar los códigos de las expresiones faciales y del lenguaje no verbal que les transmiten los demás para evitar los conflictos.

Corteza dorsolateral prefrontal

La corteza dorsolateral prefrontal (CDLPF) es un área en la corteza prefrontal del cerebro de humanos y primates. Es una de las áreas evolutivamente más recientes del cerebro humano. Se caracteriza por tener un periodo prolongado de maduración que dura hasta la edad adulta. El CDLPF es conocido por su participación en las funciones ejecutivas, que es un término general empleado para la gestión de procesos cognitivos, incluida la memoria de trabajo, la flexibilidad cognitiva, y la planificación.

La CDLPF se relaciona con mayor frecuencia con la disfunción del impulso, la atención y la motivación. Los pacientes con daños menores en CDLPF muestran desinterés en su entorno y carecen de espontaneidad tanto en el lenguaje como en el comportamiento.

Los pacientes también pueden estar menos atentos de lo normal a las personas y hechos que conocen. El daño en esta región también conduce a la falta de motivación para hacer cosas por sí mismos y/o con otros.

Toma de decisiones

El CDLPF está relacionado con la toma de decisiones tanto de riesgo como morales; por ejemplo, se activa si debemos distribuir recursos limitados. Esta región también está activa cuando los costos y beneficios de las alternativas son de su interés. Ahora bien, a la hora de elegir entre varias alternativas, el CDLPF suele mostrar una preferencia hacia la opción más equitativa frente a la tentación de maximizar la ganancia personal.

Memoria de trabajo

La memoria de trabajo es el sistema que contiene activas múltiples piezas de información transitoria en la mente, donde pueden manipularse. El CDLPF es importante para esta memoria, ya que la actividad reducida en esta área se relaciona con un rendimiento deficiente en tareas de memoria de trabajo. Sin embargo, otras áreas del cerebro también están relacionadas con la memoria de trabajo.

El CDLPF no es necesario para el recuerdo de un solo elemento. Por lo tanto, el daño en la corteza prefrontal dorsolateral no afecta a la memoria de reconocimiento. Sin embargo, si se deben comparar dos elementos de memoria, se requiere la participación de CDLPF. Las personas con CDLPF dañado no pueden identificar una imagen que ya habían visto, cuando después de un tiempo se les pide que elijan entre dos imágenes.

Se ha sugerido que la función del CDLPF en la memoria de trabajo verbal y espacial está lateralizada en el hemisferio izquierdo y derecho, respectivamente. Se ha detectado una lateralización de las activaciones del CDLPF durante la memoria de trabajo verbal y visual. Las tareas de la memoria de trabajo verbal activaron principalmente el CDLPF izquierdo y las tareas de la memoria de trabajo visual activaron principalmente el CDLPF derecho. Las tareas de memoria de trabajo verbal activaban el CDLPF derecho e izquierdo, mientras que las tareas de memoria de trabajo espacial activaban predominantemente el CDLPF izquierdo. Las activaciones del CDLPF muestran una lateralización prominente de la memoria de trabajo verbal y espacial en los adultos jóvenes, mientras que en los adultos mayores esta lateralización fue menos notable.

Cognición social

Entre los lóbulos prefrontales, el CDLPF parece ser el que tiene la menor influencia directa sobre el comportamiento social, pero podría aportar claridad y organización a la cognición social. El CDLPF parece contribuir a las funciones sociales a través de su especialidad principal, las funciones ejecutivas, por ejemplo, cuando se manejan situaciones sociales complejas. Las áreas sociales en las que se investiga el rol del CDLPF son, entre otras: desde una perspectiva social, inferir las intenciones de otras personas, o la teoría de la mente; la supresión del comportamiento egoísta y el compromiso en una relación.

Psicopatía y corteza dorsolateral prefrontal

El CDLPF es una estructura de gran interés en neurociencia y se ha estudiado exhaustivamente su implicación con diferentes conductas, incluida la psicopatía. En la actualidad hay una gran controversia científica respecto a si el CDLPF está alterado en la psicopatía. Por el momento, no se ha detectado que los psicópatas tengan alteraciones en sus funciones ejecutivas o en la memoria de trabajo. De hecho, se ha visto que tienen un rendimiento superior a la media de la población en las funciones ejecutivas.

Como vimos en la primera parte del libro, la psicopatía consta de varios componentes, uno relacionado con la conducta antisocial propiamente dicha, y otro con el componente afectivo. Así, un estudio demostró que los psicópatas tenían una mayor tendencia a no aprender con tareas que conllevan premios o castigos. Además, se considera que los psicópatas eran más vulnerables a tareas de distracción, especialmente cuando tienen que manejar mucha información en su memoria de trabajo.

En otros estudios se ha concluido que algunos psicópatas pueden tener cierto deterioro en las funciones ejecutivas, y que esto se puede relacionar con la irresponsabilidad crónica, la «disregulación» emocional, la impulsividad y la tendencia a la agresión, que son frecuentes en los individuos con alta puntuación en el Factor 2.

Corteza prefrontal: dorsolateral *versus* ventromedial

Las dos áreas fundamentales de la corteza prefrontal son de las zonas del cerebro que más influencia tienen sobre la conducta humana. Y esta zona es especialmente importante porque es una de las que han aparecido más tardíamente en el desarrollo filogenético humano y en otros mamíferos superiores está mucho menos desarrollada.

En la corteza dorsolateral está la zona más racional del cerebro; se relaciona con la capacidad de procesar bien la información, lo que de forma indirecta puede llevar al individuo a tener conductas impulsivas, carentes de reflexión. La corteza ventromedial se relaciona con funciones de la vida afectiva y los instintos.

De ambas, la que parece tener una mayor influencia en la psicopatía es la ventromedial; pues tiene una clara relación con la impulsividad y la vida afectiva.

Déficit de atención y psicopatía

Hasta ahora hemos visto los estudios de las regiones cerebrales relacionadas con la respuesta afectiva. Partimos de la premisa que los psicópatas muestran una gran frialdad y falta de empatía, y que este problema se debe a una alteración en esas estructuras cerebrales.

Pero ha surgido otra línea de investigación a partir de una premisa diferente, que considera que la psicopatía está más relacionada con el déficit de atención. En neurociencia cognitiva el estudio de la atención es un elemento fundamental y existen muchos estudios sobre este aspecto que aplican diversas metodologías.

Se define la atención como el proceso conductual y cognitivo de concentración selectiva en un aspecto discreto de la información, ya sea considerada subjetiva u objetiva, mientras que se ignoran otros aspectos perceptibles.

Pero desde el punto de vista de la psicología, la atención no es un concepto único, sino que se atribuye a diversos fenómenos. Tradicionalmente, se ha considerado de dos maneras distintas, aunque relacionadas. Por una parte, la atención, como una cualidad de la percepción, hace referencia a su función como filtro de los estímulos ambientales, al decidir cuáles son los estímulos más relevantes y darles prioridad mediante la concentración de la actividad psíquica sobre el objetivo, para su procesamiento más profundo en la conciencia. Por otro lado, se entiende la atención como el mecanismo que controla y regula los procesos cognitivos; desde el aprendizaje por condicionamiento hasta el razonamiento complejo.

En muchos casos actúa de manera inconsciente iniciándose en el hemisferio cerebral izquierdo y manteniéndose en el hemisferio derecho. El «estar atento» («poner atención» o «prestar atención») no es un comportamiento exclusivo del ser humano.

Un aspecto muy estudiado de la atención es la capacidad del individuo para permanecer atento a un estímulo o tarea a realizar, a pesar de los estímulos distractores que le llegan del entorno. En estos casos es importante que, mientras realizamos dicha tarea, nuestro cerebro sea capaz de discernir si lo que nos llega del entorno (mientras estamos atentos a nuestra tarea principal) es verdaderamente relevante o no.

Es probable que la falta de respuesta de miedo observada en los psicópatas no se deba tanto a la amígdala como a la incapacidad de mantener una atención flexible en función de los cambios del entorno.

Integración cerebral interhemisférica

Otra hipótesis interesante de la psicopatía que intenta explicar la neurobiología tiene que ver con la forma en que los dos hemisferios en los que nuestro cerebro está organizado se transfieren la información entre sí. Y algunas de sus funciones asignadas son, por ejemplo, el lenguaje, que suele estar gobernado por el hemisferio izquierdo en las personas diestras. También resulta interesante que la información del cerebro se procesa casi siempre en el lado opuesto al que se ejecuta. Por ejemplo, cuando realizamos un movimiento con el brazo derecho, la orden ha surgido desde la corteza motora del hemisferio izquierdo. Lo mismo ocurre con la sensibilidad y con la información que llega a los sentidos, como sucede con la vista y el oído.

Respecto a los psicópatas, se ha comprobado que cuando se les facilita información que les llega por el hemisferio derecho y luego tienen que procesarla con el izquierdo lo hacen con más lentitud que los controles sanos. Existen diferentes estudios con los que se ha demostrado que, en los psicópatas, el hemisferio izquierdo tarda en activarse un poco más que en los controles. Esto también podría explicar la conducta cambiante que tienen algunos psicópatas, de modo que unas veces reaccionan con agresividad y otras no, en función de cómo han procesado la información.

Cuando se ha estudiado en los individuos con rasgos psicopáticos el tiempo que tarda en pasar la información de un hemisferio a otro, se ha encontrado también que se produce un ligero retraso. Por lo que se cree que esto se debe a un defecto en la conectividad entre los hemisferios.

NEUROIMAGEN

Por neuroimagen nos referimos a un conjunto de varias técnicas que, de forma directa o indirecta, obtienen una imagen del cerebro, tanto de su estructura como de su funcionamiento. Existen dos grandes grupos de técnicas. La neuroimagen estructural, por un lado, se ocupa de la morfología del cerebro y de averiguar si existen algunas alteraciones morfológicas que indiquen la existencia de una enfermedad.La neuroimagen funcional, por otra parte, se ocupa de detectar alteraciones metabólicas o lesiones, a una escala más reducida. En la neuroimagen funcional se suelen realizar observaciones a la vez que se pide al individuo en estudio que realice alguna tarea cognitiva. De esta manera, se puede establecer una correlación entre los cambios metabólicos que se producen y la tarea realizada.

Todas las técnicas de neuroimagen modernas se fundamentan en el análisis por ordenador de una gran cantidad de datos obtenidos en diferentes planos, que permiten una reconstrucción de la estructura cerebral y, consecuentemente, de la ubicación de los cambios metabólicos.

Existen diferentes técnicas que solo vamos a enumerar, ya que no es el objeto del presente estudio:

1. Tomografía axial computarizada (TAC): utiliza rayos X para la obtención de datos.
2. Resonancia nuclear magnética (RMN): emplea campos mag-

néticos y es menos invasiva que la tomografía axial, ya que no utiliza radiaciones ionizantes.

3. Resonancia magnética funcional (FMRI): es una variante de la anterior, que analiza las propiedades paramagnéticas de la hemoglobina, lo que permite detectar las zonas donde se producen cambios en el flujo sanguíneo. Cuando se pone al paciente a realizar una tarea, se pueden plantear hipótesis sobre la zona del cerebro responsable de dicha tarea.
4. Magnetoencefalografía (MEG): es una técnica muy sensible que permite detectar los campos magnéticos que se generan por la actividad eléctrica cerebral.
5. Tomografía por emisión de positrones (PET): utiliza moléculas marcadas radiactivamente, por ejemplo, la fluordeoxiglucosa, que al inyectarla permite identificar las zonas del cerebro que tienen más actividad porque consumen más energía (glucosa).
6. Tomografía computarizada por emisión monofotónica (SPECT, *Single-photon emission computed tomography*): es una técnica muy parecida al PET, que permite marcar radioactivamente sustancias que luego emiten rayos gamma. De este modo, se puede medir el flujo sanguíneo cerebral y valorar las zonas con un aumento o un descenso de actividad.

Críticas al uso de la neuroimagen para el estudio de la conducta

En este momento, la neurociencia está viviendo un gran auge, y se considera que el estudio del cerebro permite identificar las estructuras cerebrales asociadas a una conducta. Como es lógico, esto plantea un debate importante, dado que los detractores de la neuroimagen afirman que no hay fundamento científico para establecer una relación entre determinadas conductas humanas con determinadas áreas cerebrales.

Es cierto que algunas funciones intelectuales, como el lenguaje, el cálculo numérico o la organización visual y espacial han sido localizadas en el cerebro. Pero de ahí a afirmar que se puedan predecir la mayoría de las conductas hay una gran distancia. Por el momento la aplicación práctica de todas estas técnicas es limitada.

La neuroimagen tiene una gran utilidad para detectar enfermedades cerebrales, como un infarto o un tumor. Sin embargo, cuando se trata de trastornos mentales, el problema es más complicado. Se han realizado innumerables estudios en pacientes con trastornos mentales graves, como la esquizofrenia, el trastorno bipolar o el autismo; y cuando se comparan grandes grupos de enfermos con individuos sanos aparecen con mayor frecuencia algunas alteraciones cerebrales en los enfermos. El problema está en que estas alteraciones son inespecíficas. Con esto queremos decir dos cosas: primero, que son alteraciones que pueden aparecer en muchos trastornos mentales, y no solo en uno; y, en segundo lugar, que estas alteraciones también pueden aparecer en individuos sanos. Esto limita notablemente su utilización en la práctica clínica.

Estudios del volumen cerebral

Con las técnicas de neuroimagen se puede medir el volumen de determinadas regiones cerebrales. Hasta ahora, esta tarea la realizaban investigadores que habían demostrado sus habilidades y fiabilidad marcando las diferentes regiones cerebrales sobre la pantalla del ordenador en los diferentes cortes, para que el dispositivo calculara posteriormente dichos datos. Hoy en día la volumetría cerebral ya se realiza mediante programas de ordenador que son capaces de identificar todas las regiones cerebrales. Aunque aún no disponemos de programas que lo hagan todo, por lo que, de momento, sus resultados tienen que ser supervisados por un experto.

Funcionamiento de la amígdala

Los estudios de neuroimagen de la amígdala coinciden con lo que ya hemos comentado en capítulos anteriores. En concreto, en la amígdala aparecen diferencias tanto estructurales como funcionales. En primer lugar, en los psicópatas, hay una reducción del tamaño de la amígdala al compararla con individuos sanos. Así, cuando individuos con psicopatía procesan estímulos con un componente emocional, la actividad de la amígdala es significativamente inferior; también cuando se estudia el funcionamiento de la amígdala durante la toma de decisiones de carácter moral con un componente emocional, en los psicópatas la actividad de la amígdala resulta muy inferior.

Otros estudios muestran que hay una activación en la amígdala superior a la que se observa en los controles cuando se expone a individuos con psicopatía a contenidos visuales negativos.

Funcionamiento de la corteza prefrontal orbitofrontal y ventromedial

Desde el caso de Phineas Gage, el funcionamiento de la corteza prefrontal ha sido muy estudiado en su relación con la conducta. A medida que las técnicas han ido avanzando ha sido posible cuantificar el volumen cerebral de esta zona; y al comparar muestras de pacientes con psicopatía con muestras de control se ha comprobado que en los psicópatas el volumen se reduce en más de un 20%.

A medida que los estudios se han ido refinando, se ha constatado que las áreas más relacionadas con la psicopatía son las cortezas prefrontales orbitofrontal (CPFOF) y ventromedial (CPFVM). La COF es importante para la comprensión de los estados emocionales de los demás, y también para la regulación de los estados emocionales propios. También interviene en el procesamiento de información relacionada con la recompensa y el castigo.

Asimismo, ambas cortezas están muy relacionadas con la toma de decisiones de cariz moral y la respuesta emocional ante el visionado de actos claramente inmorales. En los diferentes estudios se exponía al individuo a estímulos visuales, auditivos o escritos y se le pedía que emitiera un juicio sobre la situación planteada. Los resultados indicaban una coincidencia en las áreas del cerebro que parecen responsables de ello. Parece que las personas con alteraciones en la CPFOF toman peores decisiones en general, y morales en particular. De igual forma, también tienen una mayor tendencia a las conductas impulsivas y carentes de reflexión. Esta zona del cerebro permite valorar el componente emocional de la decisión a tomar, y también las implicaciones sociales, comparando la perspectiva de uno mismo con la de los demás.

Cuando se ha medido el volumen del cerebro, en la CPFOF de los psicópatas se detecta una reducción de la sustancia gris. Del mismo modo, cuando se mide su actividad mediante resonancia magnética funcional, al someterlos a una tarea, por ejemplo, distinguir entre conceptos abstractos o concretos, la actividad de la CPFOF es menor en los psicópatas. Con otras técnicas de estudio funcional del cerebro, como el SPECT, se han observado resultados similares.

Recientemente ha aparecido una nueva técnica que permite estudiar las conexiones que existen entre diferentes regiones del cerebro: los estudios de tractografía cerebral, con los que se quiere confirmar la hipótesis de que las alteraciones de la conducta dependen no solo de las estructuras cerebrales alteradas, sino también de las conexiones de unas con otras.

Como ya se ha expuesto, hay una zona del cerebro, la amígdala, que es la encargada de generar las emociones y «colorear» con ellas nuestras vivencias. Por ello, resulta importante estudiar las conexiones entre la amígdala y estas regiones de la corteza frontal.

Más en concreto, se piensa que si la conectividad está alterada entre la amígdala y la corteza prefrontal orbitofrontal (CPFOF) esto puede implicar que la información relacionada con las emociones que procede de la amígdala, y que nos alerta de situaciones de amenaza, riesgo o daño para otros, puede no llegar a la corteza encargada de la toma de decisiones, y esto hace que las personas afectadas se muestren insensibles ante el sufrimiento de otros, y en situaciones de riesgo parecen tendentes a no valorar adecuadamente sus decisiones. Y respecto a la información que fluye en sentido contrario (de la corteza a la amígdala), estas personas tendrían problemas en el control de las emociones.

Otras regiones cerebrales

El giro angular es una estructura del cerebro que ocupa la porción posterior de una circunvolución, situada entre el surco intraparietal y la rama horizontal de la cisura de Silvio. Está relacionado con la interpretación del lenguaje humano al procesar y asignar un código común para la información visual y auditiva recibida, que luego será tratada en el área de Wernicke. Se trata de una

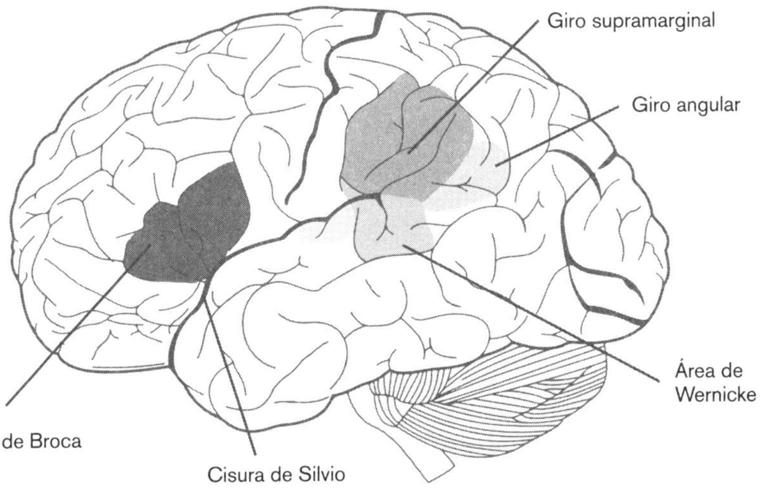

Figura 6: Giro angular. Localización de diversas estructuras cerebrales que se están estudiando con neuroimagen en relación con la psicopatía.

región del cerebro que tiene especial interés en el estudio de la psicopatía, ya que ha permitido demostrar que los psicópatas tienen un menor nivel de activación, y un menor volumen de esta zona. El giro angular está relacionado con la experiencia de la culpa y la vergüenza, que son emociones que nos motivan a desistir de llevar a cabo conductas antisociales. También se ha relacionado con la capacidad de analizar las situaciones sociales, y de relacionar las emociones con la toma de decisiones de tipo moral.

Hay otras regiones del cerebro que se han relacionado con la psicopatía. Una de ellas es el cíngulo. Desde el punto de vista de la investigación para su estudio, esta región se ha dividido en dos: cíngulo anterior y posterior. Se ha visto que en los psicópatas el cíngulo posterior, que es una región de la corteza que se encuentra en la parte central en ambos hemisferios, tiene menos sustancia gris. Y su activación es menor cuando se les somete a la toma de decisiones morales, o a recuerdos con un componente

Figura 7: Las principales regiones subcorticales.

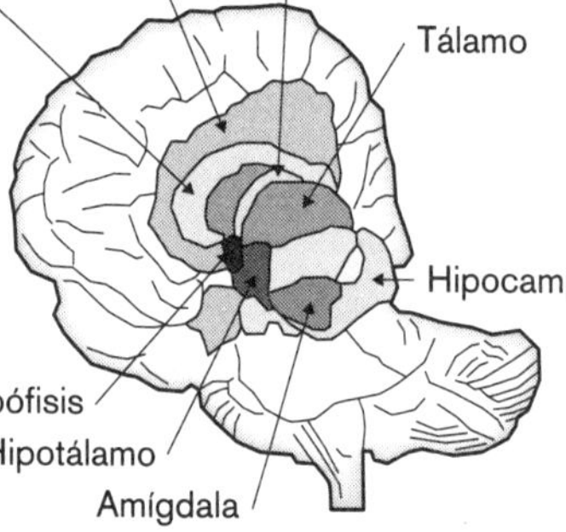

afectivo. Parece que esta zona influye en el componente afectivo de los recuerdos que evocamos.

El cíngulo anterior también está relacionado con el funcionamiento cognitivo y la emoción. En los estudios con psicópatas, se ha encontrado una menor actividad en esta región, aunque no se observan cambios en su volumen. Está muy conectado con otras regiones cerebrales que ya hemos comentado: la amígdala y la CPFOF. Se considera que es una zona de transferencia de información entre ambas regiones.

También parece relacionado con la psicopatía el hipocampo. Es una estructura muy comprometida con la memoria, especialmente con el componente emocional. Se ha comprobado que los psicópatas tienen una ligera reducción del volumen del hipocampo y que suele haber cierta asimetría en el tamaño del hipocampo entre el lado derecho y el izquierdo. Estas alteraciones pueden tener alguna influencia en las dificultades de los psicópatas para el aprendizaje a través del castigo y la recompensa.

Ya hemos comentado que el córtex prefrontal dorsolateral (CPFDL) tiene una gran importancia en la conducta psicopática. Esta región está muy relacionada con la planificación y organización de la conducta, así como con la capacidad de cambiar el foco de la atención a otras áreas de nuestro entorno. Un fallo en estas regiones puede explicar las dificultades de estos individuos para tener un trabajo estable y llevar una vida adaptada. Cuando se ha estudiado el funcionamiento del CPFDL se ha comprobado que en los psicópatas tiene menor tamaño; aunque cuando se les somete a tareas que requieren análisis de información de contenido emocional, esta zona aparece más activa. Se cree que esto es debido a las dificultades que tienen para analizar la información de tipo emocional, por lo que deben activar otras zonas del cerebro más relacionadas con lo cognitivo, como la CPFD.

Violencia reactiva *versus* violencia instrumental: bases biológicas diferentes

Desde un punto de vista médico-legal, podemos distinguir dos tipos de conducta violenta: la violencia reactiva y la instrumental.

La violencia reactiva está relacionada con el miedo a sufrir una agresión, ante lo que el cerebro reacciona agrediendo al posible enemigo para sobrevivir. Cuando se produce, el cuerpo entra en un estado de máxima alerta. En estas circunstancias, algunos individuos pueden tener problemas para controlar su conducta. Podemos decir que quienes reaccionan así tienen una conducta impulsiva, pues han reaccionado agresivamente cuando, quizá, no era necesario. No han reflexionado previamente sobre las consecuencias de su conducta.

Cuando la violencia instrumental se produce, el funcionamiento del cerebro es totalmente diferente. La violencia no tiene como objetivo la supervivencia, sino que es un medio para conseguir un fin determinado. Por ejemplo, se ejerce violencia instrumental cuando, en un atraco, el ladrón golpea a la víctima para que le entregue dinero, o para someterla, antes de consumar una agresión sexual. En estos casos la violencia es un medio para conseguir otra cosa.

Esta disquisición conceptual tiene interés desde el punto de vista de la neurociencia, ya que cada tipo de violencia está regulada por regiones cerebrales diferentes. La violencia reactiva tiene asociada un gran componente emocional, por lo que cuando se produce la amígdala tiene una gran actividad. En los individuos impulsivos seguramente se reduce la inhibición que otras regiones del córtex prefrontal ejercen sobre la amígdala, para reducir la intensidad de la respuesta emocional. La respuesta ante las situaciones de amenaza también está determinada por otras estructuras cerebrales, como el hipotálamo, aunque es la amígdala el elemento principal de respuesta.

Sin embargo, la neurobiología de la violencia instrumental es distinta. En este caso las estructuras cerebrales que regulan la respuesta emocional funcionan de forma diferente. La amígdala no se activa, por lo que la violencia se lleva a cabo con una gran frialdad afectiva. Esto es típico de los psicópatas, donde la frialdad en la respuesta afectiva es un elemento determinante. Los psicópatas actúan sin un sentimiento de miedo o amenaza, y lo que es peor, sin empatía, lo que los puede llevar a cometer actos crueles.

Desde el punto de vista de la prevención, esta distinción es importante. Existen diferentes intervenciones psicológicas y, sobre todo, farmacológicas, que son moderadamente eficaces en el control de la impulsividad de la violencia reactiva. Sin embargo, conseguir modificar la tendencia a la violencia instrumental es mucho más complicado.

Desarrollo evolutivo de los psicópatas

Como es de todos conocido, los humanos tenemos un periodo de desarrollo muy largo hasta que completamos nuestras capacidades. Desde el nacimiento hasta el final de la adolescencia el cuerpo va cambiando constantemente: va ganando peso, se va haciendo más fuerte y más grande, y a los 17-18 años alcanza su plenitud física.

Desde el punto de vista mental también se van produciendo cambios, se aprende a deambular, a hablar, se desarrolla el pensamiento abstracto y se pueden manejar conceptos. Luego se aprende a relacionar unos conceptos con otros y a razonar. También se produce una maduración a nivel afectivo y en la relación con los demás.

Todo esto tiene también una correlación con el desarrollo del cerebro. Desde que nacemos hasta el final de la adolescencia, el cerebro aumenta de tamaño, las neuronas van generando ramificaciones y las conexiones de unas con otras (sinapsis) van aumentando. Hay estímulos del entorno que influyen, de manera positiva o negativa, en el desarrollo cognitivo y emocional.

Con el desarrollo de la neuroimagen vamos conociendo cómo se produce ese proceso de maduración cerebral de los niños y los adolescentes. Sabemos que la maduración de las diferentes zonas del cerebro no siempre es simultánea, y hay regiones que van más retrasadas que el resto. Esto es lo que puede ocurrir con la amígdala o con el córtex prefrontal en los psicópatas.

En los estudios de neuroimagen de muestras cada vez más grandes se ha detectado que, en el cerebro de los psicópatas, suelen aparecer pequeños indicadores de alteraciones en el desarrollo cerebral. Estas alteraciones no suelen tener manifestaciones conductuales significativas (más allá de la propia psicopatía), y son hallazgos casuales en los estudios de investigación.

El problema del desarrollo evolutivo plantea otros interrogantes. Se han realizado estudios del funcionamiento cerebral de adolescentes con rasgos de crueldad o con escasa respuesta emocional. Cuando se esperaba encontrar alteraciones cerebrales similares a las que se encuentran en los adultos se ha visto que no es así. Por ejemplo, en los adolescentes psicopáticos hay un mayor volumen de corteza orbitofrontal, cíngulo anterior y giro marginal; mientras que en los adultos con psicopatía se encontró lo contrario. Esta cuestión, sin duda, será investigada en los próximos años.

LA INFLUENCIA DEL ENTORNO

Hasta ahora hemos revisado lo que se conoce de los aspectos neurobiológicos de la psicopatía en sus diferentes ámbitos. Pero no todo el problema está en el interior del cerebro, como lo demuestran los numerosos estudios sobre la influencia de las circunstancias psicosociales en el desarrollo de una conducta criminal.

Todos sabemos a grandes rasgos que los primeros años configuran la personalidad del niño, y propician que en la vida adulta se tenga determinado comportamiento. Es sabido que la falta de una familia afectuosa durante la infancia supone un gran riesgo para la aparición de actividades delictivas en la adolescencia. Los grandes novelistas del siglo XIX ya lo ilustraron en sus obras; por ejemplo, la novela *Oliver Twist*, de Charles Dickens, refleja cómo los hijos de familias desestructuradas y abandonados a su suerte terminan en la delincuencia. Por citar un ejemplo actual, Roberto Saviano ha tratado esta misma problemática en novelas como *La banda de los niños*.

En la década de 1940 el interesante psiquiatra infantil John Bowlby examinó a niños y adolescentes con conductas delictivas que habían sido detenidos, y se fijó en la biografía de los primeros años de vida de sus pacientes. Bowlby estableció la hipótesis de que haber sufrido carencias afectivas en la infancia era un factor determinante para que aparecieran las conductas delictivas. Bowlby, que se había formado en las teorías psicoanalíticas de Sigmund Freud, coincidía con este en que los primeros años de vida del niño o niña son fundamentales. Pensaba que la forma en la que manejamos nuestras relaciones interpersonales está muy condicionada por las experiencias de los primeros años de vida. Todos los niños tienden, por instinto, a buscar la proximidad de un cuidador principal. Generalmente suele ser la madre, pero este papel lo puede desempeñar otra persona. Se trata de un mecanismo de supervivencia que también se observa en los animales.

Las crías de muchas especies permanecen cerca de su madre para protegerse de los depredadores. Pero, centrándonos en las personas, el cuidador principal ayuda al niño a constituir lo que Bowlby llamó «su base segura», que es el primer elemento en el desarrollo de la personalidad del niño. Esta base segura permite al menor explorar otras áreas del entorno y empezar a socializarse. El problema surge cuando el cuidador principal no da al niño lo que este espera de él. Si aparecen actitudes de abandono, indiferencia, o malos tratos, el apego se seguirá desarrollando, pues es una conducta instintiva, pero habrá problemas en el futuro.

Otra investigadora, Mary Ainsworth, que estudió los modelos de Bowlby, describió diferentes patrones de apego. Desarrolló un experimento muy ingenioso en el que llevaba a una sala de observación a niños de uno o dos años acompañados de su cuidador principal. Luego le pedía al cuidador que saliera de la sala, y lo llamaba al cabo de unos minutos. A continuación ambos se marchaban y volvían otra vez. Ainsworth describió cuatro patrones de respuesta de los menores cuando se reunían con el cuidador tras unos minutos de ausencia: seguro, ansioso-ambivalente, ansioso-evitador y desorganizado. Lo saludable es tener un patrón de apego seguro, ya que permite tener una base firme que permite explorar el entorno sin ansiedad.

Basándose en investigaciones del etólogo británico John Bowlby estableció en su teoría que hay una «ventana de tiempo» en la que es muy importante que el cuidador esté presente y con una actitud afectuosa. Si el cuidador falta en ese periodo crítico luego será muy complicado conseguir que el menor pueda tener esa base segura.

Bowlby también creó el concepto «modelos de trabajo» (*working models*), que se refiere a la capacidad de interactuar socialmente y de manejar en el futuro las relaciones de apego. Bowlby defendía que las experiencias de apego en los primeros años de vida condicionan la manera en la que se viven las relaciones de apego en la vida adulta. Si de niño se experimentó un patrón de apego inseguro, es improbable que en la vida adulta se desarrollen relaciones afectivas sólidas.

Las teorías de Bowlby y de otros investigadores sobre los primeros años de vida tuvieron una gran influencia en la organización de instituciones de cuidado de los menores abandonados. Durante siglos han existido los orfanatos, donde se reunían decenas o centenares de niños que recibían unos cuidados básicos de alimentación, ropa y alojamiento, pero donde no había ninguna figura de apego de referencia. A partir de la década de 1960 el modelo de orfanato se fue sustituyendo por el de hogar de acogida, donde los menores podían tener una figura de apego que les ayudara en su desarrollo.

Las teorías de Bowlby han inspirado el enfoque psicológico de la conducta delictiva y han servido de base para otro modelo, la teoría de la mentalización.

La mentalización

El psicólogo Peter Fonagy, también de formación psicoanalítica como Bowlby, ha desarrollado un modelo teórico que pretende explicar, entre otros fenómenos, la conducta psicopática. Es la denominada «Teoría basada en la mentalización». Se entiende por mentalizar la capacidad de comprender las acciones de los otros y de uno mismo mediante pensamientos, sentimientos, deseos e intereses.

Esta es una capacidad muy humana que subyace en la vida social, que nos ayuda a tener una idea de uno mismo y nos hace sentirnos más seguros. Además, nos diferencia del resto de los primates, y con ella somos capaces de vernos a nosotros mismos desde el exterior, y a los demás desde dentro. La mentalización nos permite reflexionar sobre nuestros propios estados mentales, y también analizar a los demás como seres que también están movidos por sus propios estados mentales.

La capacidad de comprender a los otros depende, en gran medida, de si los estados mentales de nuestra primera infancia fueron adecuadamente comprendidos por adultos cariñosos y atentos, y no por personas amenazantes.

Fonagy relaciona el apego en los primeros años de vida con la capacidad de ponernos en el lugar de otras personas, o más bien de ser capaces de reflexionar sobre lo que pasa por la mente de otros cuando actúan. Aquellos que han tenido un apego seguro tendrán más facilidad para entenderse con los demás.

Aprender a mentalizar ayuda a que mejore la convivencia social, ya que con ella hacemos que la conducta de los otros sea más predecible. Con la mentalización podemos anticipar la respuesta de los demás ante una situación determinada, y de esta manera se puede evitar el conflicto.

En este modelo se argumenta que el cuidador que responde adecuadamente a las necesidades del niño le hace sentir que sus sentimientos son comprendidos. Para ello es necesario que el cuidador responda al niño con muestras de afecto; tiene que ser capaz de transmitir al niño sus estados mentales, para así descubrirle esta forma de comunicación. La capacidad de mentalizar es una habilidad innata, aunque (como ya hemos explicado) está condicionada por los estímulos del entorno en forma de apego y aprendizaje social, en el momento adecuado.

Peter Fonagy explica que aprender a «mentalizar» es un proceso por el que todos pasamos, aunque cuando hay situaciones difíciles en el entorno del menor este aprendizaje no se produce. Cuando los niños que no han tenido la posibilidad de aprender adecuadamente a mentalizar llegan a la vida adulta, presentan lo que Fonagy ha denominado «estados de prementalización». En estos casos encontramos personas que actúan impulsivamente o que no son capaces de ponerse en el lugar de los otros.

El modelo de Fonagy se fundamenta en numerosos hallazgos de la neurociencia cognitiva, y uno de ellos es el de la «fundamentación biológica de la empatía» que radica en las denominadas «neuronas espejo».

En el maltrato infantil se produce un deterioro en la capacidad de mentalizar, el niño no aprende a reflexionar, ya que no está incentivado para adoptar la perspectiva de la otra persona (el maltratador), pues eso incrementaría su dolor. Por otro lado, el niño tampoco es capaz de entender las situaciones interpersonales traumáticas. Y el daño es tanto a corto como a largo plazo, ya que la victimización temprana le hace sentirse más vulnerable y menos resistente ante traumas futuros.

Los niños maltratados en la infancia que gozan de una relación y apego con un cuidador que les hace sentirse seguros tienen más probabilidades de superar el maltrato.

Los que no tienen esa base segura, es más probable que cuando lleguen a la edad adulta sean más impulsivos y tengan más conflictos, sobre todo, en las relaciones interpersonales.

Apego y delincuencia

Bowlby sostiene que la conducta antisocial y la personalidad carente de afectividad tiene su origen en un trastorno temprano del vínculo. Considera que la violencia es la consecuencia de una enfermedad del apego y de los sistemas de cuidado. Como vamos a ver a continuación, la teoría del apego nos va a aclarar muchas variables relevantes en la conducta delictiva.

Por ejemplo, el grupo de investigadores de Fonagy estudió a un grupo de presos que habían cometido delitos violentos, y comprobó, en la gran mayoría, fallos importantes en la capacidad de «mentalizar», es decir, de entender el estado mental que tendrían sus víctimas. Además, procedían de entornos familiares con un apego inseguro.

La criminalidad, especialmente la que se asocia a violencia, suele surgir de este tipo de contexto, a partir del cual el resto de los individuos y las instituciones son rechazados como posibles objetos de apego. Por otro lado, el agresor suele ser incapaz de ponerse en el lugar de la víctima y, por lo tanto, no se siente responsable de sus actos, y tampoco entiende las consecuencias psicológicas que estos tendrán para la víctima.

Sin embargo, cuando se estudian específicamente los rasgos psicopáticos en su relación con el apego, no parece que haya una asociación clara entre tener rasgos psicopáticos y haber sufrido un apego inseguro en la infancia. Hay delincuentes que han tenido una buena relación de apego con su cuidadora principal y, sin embargo, han terminado desarrollando claros rasgos psicopáticos. A la inversa, personas que han sufrido un entorno de falta de apego no han desarrollado conductas delictivas, aunque esta situación es poco habitual.

Estudios empíricos sobre factores de riesgo para desarrollar una conducta delictiva

Hasta ahora hemos visto un modelo teórico que intenta explicar el desarrollo de la conducta delictiva, pero, como toda teoría, debe ser contrastada con datos reales de la población. Por ello se han realizado diversos estudios.

Estudios transversales

A diferencia de los estudios que se realizan en el ámbito sanitario o en sociología, lo más sencillo es realizar estudios transversales. Estos se practican sobre un grupo con una edad determinada y se pregunta a los sujetos por sus circunstancias familiares y sociales durante la infancia. Luego se hace lo mismo con otros grupos de edades diferentes y así se puede tener una idea aproximada de las situaciones que más se asocian a la conducta delictiva.

Pero estos estudios, aunque pueden dar alguna información útil, tienen el problema de la escasa fiabilidad. La memoria no es como una simple cámara de vídeo en la que se almacena la información sin más, sino que los recuerdos suelen pasar un proceso de resignificación constante. Por ejemplo, los recuerdos del periodo de la infancia de cuatro a diez años, se evocan de modo distinto a los quince años, a los veinticinco y posteriormente. Por ello, los datos concretos serán aproximadamente los mismos, pero el análisis y las reflexiones sobre las intenciones y los estados de ánimo de quienes nos rodeaban van cambiando con el tiempo. Este mismo problema tienen los historiadores cuando analizan determinados periodos históricos. Por ejemplo, la interpretación histórica que se hace de la conquista de América por España es ahora diferente de la de hace cincuenta o cien años.

Cuando evaluamos a personas que han cometido delitos graves hay una tendencia generalizada a buscar excusas y justificaciones ante los terribles delitos de violencia que pueden haber cometido. Y una de las más habituales es la de haber crecido en el seno de una familia desestructurada.

Estudios longitudinales prospectivos. Cohortes

Para evitar estos sesgos retrospectivos en la investigación existe otra metodología: los estudios longitudinales prospectivos o de cohortes. En estas investigaciones se escoge un grupo de niños representativo de la población que se quiere estudiar, y se les hace un seguimiento en el tiempo. Cada año o cada dos años se vuelven a evaluar para recoger más información, y averiguar si se han producido incidencias. De ser posible, se revisan registros policiales de detenciones y judiciales, por si se han producido condenas, para conocer mejor el tipo de delitos por el que han sido condenados.

Es evidente que realizar estos estudios resulta tremendamente costoso y laborioso y, sobre todo, el periodo de recogida de información es muy largo, ya que suele abarcar varias décadas. Por ello, en ocasiones, los investigadores que inician el estudio cuando se jubilan encargan el seguimiento a nuevos equipos de investigadores que se unen al equipo. Esta dificultad explica que se hayan realizado muy pocos estudios de esta envergadura. Vamos a centrarnos en uno de ellos para analizar sus resultados: el estudio de la Universidad de Cambridge. También es importante hacer alguna consideración previa: pueden existir diferencias culturales entre Reino Unido y España, por lo que los resultados obtenidos en Reino Unido no tienen que ser, necesariamente, los mismos que los que habríamos obtenido en España, en el caso de que hubiéramos podido realizar el estudio.

Edad de comienzo: las conductas delictivas suelen iniciarse, de media, a los once años, generalmente con el robo de tiendas y actos vandálicos, a los 14-15 años en el robo de coches y a los 17-19 años aparecen los delitos sexuales y el tráfico de drogas. Es interesante que aquellos que son más jóvenes, cuando empiezan a delinquir, tienen condenas más largas por haber cometido delitos más graves.

Hiperactividad e impulsividad: esta es una de las conductas infantiles que mejor predicen la conducta delictiva posterior. Suele ser aparente antes de los cinco años, y continuar hasta la adolescencia y la vida adulta. En un estudio muy interesante se pidió a los profesores que señalaran a los investigadores a los niños que, en su opinión, eran los más inquietos de su clase.

Luego, a estos niños se les hizo un seguimiento en el tiempo y se comprobó que la conducta delictiva era mucho mayor que en resto de la muestra.

Actualmente se habla mucho del trastorno por déficit de atención e hiperactividad (TDAH). Hay que subrayar que el hecho de que se haga ese diagnóstico no implica, necesariamente, que en el futuro vayan a tener conducta delictiva. Hay muchos niños y adolescentes con TDAH que no tienen impulsividad ni hiperactividad, aunque sí un déficit de atención grave. En este caso, no se puede hablar de un factor de riesgo. Un ejemplo de impulsividad es, por ejemplo, la incapacidad de poder retrasar la gratificación y necesitar que sea inmediata. Un rasgo de personalidad que parece tener alguna influencia es la denominada «búsqueda de sensaciones». En estas personas existe un nivel de actividad de las estructuras cerebrales relacionadas con la ansiedad y las respuestas de alarma más bien bajo.

Por eso suelen buscar experiencias relacionadas con el riesgo, que les aporten un alto nivel de excitación y activen estas estructuras cerebrales. Buscan lo que se conoce popularmente como un «subidón de adrenalina». Esta sensación puede estar relacionada con la reducción de la actividad de la amígdala que hemos comentado en capítulos anteriores.

Baja inteligencia y fracaso escolar: como es obvio, la baja inteligencia suele asociarse al fracaso escolar, aunque puede haber fracaso escolar que no esté relacionado con inteligencia baja.

Existen estudios en los que se ha relacionado la carrera de delincuencia con el nivel intelectual, y se ha visto que los sujetos con cuatro o más condenas tenían un cociente intelectual más bajo que la población general.

Y hay otro dato interesante, el riesgo de conducta delictiva es mucho mayor entre los que han abandonado la escuela prematuramente que entre los que han completado los estudios de secundaria.

Estilo de educación: existen diferentes enfoques para criar y educar a los hijos. Varios parámetros permiten clasificar estos enfoques de crianza:

- Supervisión y control: la escasa supervisión y control es el principal predictor de delincuencia futura y, sobre todo, de delitos contra la propiedad. En estos casos los padres suelen dejar que sus hijos vagabundeen por las calles, y la mayor parte del tiempo no saben dónde están.
- Disciplina y refuerzo parental: aquí nos referimos a la reacción de los padres a la conducta incorrecta. Los niños deben aprender desde muy pequeños que las conductas incorrectas tienen consecuencias (castigos o pérdida de premios o gratificaciones). Esto es razonable. Sin embargo, en algunos casos se utilizan los malos tratos a los menores como forma de disciplina. Se ha demostrado que el 40% de los delincuentes ha sufrido malos tratos por parte de un progenitor con el consentimiento implícito del otro.

- Por norma general, los niños tienden a convertirse en delincuentes si los padres no responden de forma consistente y contingente (es decir, siempre que ocurra) ante la conducta antisocial; o si son ellos mismos, los padres, quienes tienen un comportamiento antisocial.
- Calidez de la relación emocional con los padres: se ha estudiado empíricamente el clima de la relación que han tenido los menores delincuentes con sus padres. La existencia de un progenitor que trata de una manera cariñosa al menor supone un factor de protección frente al riesgo de violencia futura. Los niños con madres poco empáticas y con un trato más bien frío habían sido condenados por diversos delitos en un 51% de los casos; mientras que entre quienes habían tenido madres afectuosas la cifra era del 23%. Los niños que no tienen apego por sus madres o padres tienen una mayor probabilidad de convertirse en delincuentes.

Madres adolescentes / Maltrato infantil: ser hijo de una madre adolescente es ya de por sí un factor de riesgo para desarrollar conducta delictiva. Esto se produce porque estos niños suelen tener otros problemas, que también están relacionados causalmente con la conducta violenta (fracaso escolar, comportamiento antisocial en el colegio, abuso de sustancias, relaciones sexuales a edades muy tempranas).

Las madres adolescentes suelen crear familias con bajos ingresos y muy dependientes de los servicios sociales. Además, la figura paterna suele estar ausente, y la manera de criar a los hijos suele ser deficiente. Sin embargo, si el padre biológico reside en el hogar familiar hay un efecto protector.

Los malos tratos suelen ser un factor de riesgo muy grave. Varios estudios han demostrado que, si un niño ha sido víctima de malos tratos antes de cumplir los 11 años, aumenta el riesgo de que tenga una conducta delictiva en los 15 años siguientes.

Conflictos parentales y familias desestructuradas: los problemas familiares también se han relacionado con la conducta delictiva. Por ejemplo, el divorcio o la separación de los padres antes de que el niño cumpla cinco años aumenta el riesgo de que en el futuro tenga al menos una condena. Proceder de familias monoparentales también es otro factor de riesgo. Un estudio reveló que el 28% de los delincuentes violentos procedía de este tipo de familias; frente al 21% de los delincuentes no violentos. Que el progenitor custodio inicie una nueva relación afectiva con convivencia aumenta todavía más el riesgo de que los hijos cometan delitos.

Padres delincuentes: es un hecho constatado que los padres delincuentes y/o alcohólicos suelen tener hijos que también son delincuentes. Los padres que han sido detenidos suelen tener hijos que también serán detenidos por los mismos delitos. Y los padres condenados también tienen más hijos cumpliendo condena.

Que el padre, la madre, el hermano o el hijo estén cumpliendo condena también aumenta la probabilidad de que el hijo esté cumpliendo condena.

Concentración de delitos en un mismo ámbito familiar: otro hecho que se detectó en el Estudio Cambridge fue la concentración de delitos de determinadas familias o clanes familiares. En concreto, se vio que la mitad de las condenas se produjo en el 6% de las familias estudiadas. No está clara la influencia de la familia en la conducta delictiva. Aunque los padres no quieren que sus hijos también sean delincuentes, es evidente que hay un fenómeno de aprendizaje por imitación, en el que se transmiten unos valores que hacen aceptable la conducta delictiva.

Tamaño de la familia: otro hallazgo interesante del Estudio Cambridge fue la relación entre el tamaño de la familia y el riesgo de conducta delictiva. En concreto, cuantos más hijos tiene la familia, mayor es el riesgo de que alguno delinca. Se han buscado explicaciones a este fenómeno y se ha sugerido que al haber muchos hijos no es posible prestar la atención que necesita cada uno. Y, por otro lado, al haber muchos hijos en la casa hay menos espacio disponible, por lo que se suelen generar más conflictos en la convivencia cotidiana. Otro dato interesante es el lugar en la fratria, es decir, el puesto entre los hermanos: los hermanos pequeños tienen mayor riesgo de ser delincuentes.

Privación socioeconómica: los hijos de padres socioeconómicamente más desfavorecidos tienen un mayor riesgo de desarrollar una conducta delictiva, y esto tiene mayor impacto cuando los niños están entre los ocho y los diez años. La precariedad laboral también es un factor de riesgo: los chicos que tienen empleos a tiempo parcial delinquen más que los que lo tienen a tiempo completo y, como era de esperar, los que están en paro son los que más delinquen.

Centro educativo: otro elemento que se considera factor de riesgo en el Estudio Cambridge es el colegio donde estudian los niños y adolescentes. Se identificaron determinados centros donde las tasas de criminalidad de los exalumnos eran muy superiores a las de los demás. Aunque no está clara esta relación, es posible que el factor influyente sea el nivel socioeconómico o la comunidad en la que residen. En cuanto a la escolarización, el elemento más grave es el absentismo escolar, y especialmente que los niños tengan conductas problemáticas en el centro entre los ocho y los diez años.

Red social del menor: esta sensación generalizada, que se traduce en el conocido refrán «Dime con quién andas y te diré quién eres», se ha verificado empíricamente en el Estudio Cambridge. Tener amigos delincuentes es un factor predictor de conducta delictiva. Es lógico pensar que este tipo de vida social se deba, en gran medida, a la falta de supervisión de la familia.

Influencia de la comunidad: el concepto de comunidad ha cambiado con la globalización. Antes la comunidad se definía por un área geográfica. Pero ya no es siempre así. Ahora nos encontramos que en una misma área geográfica pueden vivir personas que pertenecen a diferentes comunidades, debido a su identidad cultural, étnica o religiosa. En algunos países este es un fenómeno relativamente reciente, por lo que su relación con la criminalidad no ha sido estudiada en profundidad. Y es muy probable que esté muy relacionado con el nivel de pobreza de la comunidad a la que pertenece el sujeto, y el grado de tolerancia que existe en su seno a la conducta delictiva.

LA MALDAD HUMANA

Al hablar de la psicopatía se hace necesaria una reflexión sobre la maldad humana y cómo la entendemos. *Psicopatía* tiene varias acepciones en el diccionario: una relacionada con el quebrantamiento de la ley, otra con el hecho de infligir daño o perjudicar la salud de los demás y una tercera que la define como el rasgo de quien carece de bondad. Lo apuntado hasta el momento no resulta muy esclarecedor.

Los problemas para definirla

Lo que se expone en este libro es una descripción somera de las diferentes investigaciones neurobiológicas que se han llevado a cabo sobre la conducta psicopática. La maldad se concibe como algo impropio del estado natural del ser humano, al igual que lo es la enfermedad. Se la califica como algo parecido a un tumor, que es ajeno a la persona y que hay que extirpar. Se piensa, por lo tanto, que la conducta malvada es algo que no forma parte de la esencia humana.

A comienzos del siglo XXI hubo un debate muy interesante, reflejado en la revista de la Academia Americana de Psiquiatría y Ley, en el que se debatía si los psiquiatras forenses debían referirse en sus informes a la maldad. Uno de los psiquiatras participantes en el debate argumentó que con el concepto de maldad ocurría algo parecido a lo que sucede con la pornografía: resulta muy difícil definirla o, al menos, dar una definición precisa, pero casi todo el mundo está de acuerdo en afirmar que existe y la reconoce cuando la ve. Este psiquiatra argumentaba que la percepción de la maldad depende, en gran medida, del observador en lugar de ser un fenómeno objetivable. Y añadió que lo que entiende cada uno por maldad está muy influido por elementos morales, sociales, políticos, religiosos, filosóficos o psicológicos.

Sin embargo, había algunos elementos que parecían ser de amplio consenso ya que, por ejemplo, suele ser interpersonal, es propia del ser humano y no se encuentra entre los animales de una misma especie. También nos permite analizar la interacción que se produce entre la víctima y el malvado, y tiene un claro componente de intencionalidad.

Del problema de la maldad se han ocupado todas las grandes religiones, así como la mayoría de los grandes filósofos. La tradición judeocristiana la ha entendido como un pecado originado por el alejamiento de Dios. Desde los escritos de la Biblia hasta pensadores como Nietzsche, Freud o Schopenhauer, se observa un enfoque del problema parecido, pues se considera que el ser humano tiene una tendencia, difícil de controlar, hacia el pecado, hacia el mal. Basta con revisar la historia desde sus orígenes hasta la actualidad para encontrar innumerables acontecimientos históricos en los que se refleja la naturaleza malvada de muchos seres humanos.

Los estudios tras la Segunda Guerra Mundial

Cuando terminó la Segunda Guerra Mundial y la población civil pudo conocer las atrocidades cometidas en los campos de exterminio nazis, se planteó cómo todo esto pudo haber sido posible.

Se había llevado a cabo a escala industrial el asesinato de seis millones de judíos, miembros de partidos de izquierda y de diferentes colectivos, y para ello tuvo que colaborar mucha gente. ¿Acaso todos ellos eran malvados?

La visión de Hannah Arendt

La primera reflexión interesante en este sentido fue la de una filósofa alemana de origen judío afincada en Estados Unidos llamada Hannah Arendt. Un periódico norteamericano le pidió que escribiera una crónica sobre el juicio del criminal de guerra nazi Adolf Eichmann que se había celebrado en Jerusalén en 1961.

Eichmann fue el encargado de organizar la logística de transportes durante el Holocausto. Asumió la dirección en la coordinación de la deportación de los judíos desde todos los rincones de Europa hasta la Polonia ocupada y la construcción de las cámaras de gas en lugares como Belzec, Chelmno, Sobibor, Treblinka y Auschwitz-Birkenau.

Fue un hombre tenaz en el cumplimiento de su deber, muy cumplidor con lo que se le exigía y consideraba a los judíos meras estadísticas, aunque según sus declaraciones al ser juzgado por crímenes de guerra, no era un antisemita fanático y, de hecho, tenía cierto parentesco con judíos, como muchos otros alemanes.

Arendt convirtió sus crónicas en el libro *Eichmann en Jerusalén. Un informe sobre la banalidad del mal.* Acuñó la expresión «la banalidad del mal» para describir el fenómeno de Eichmann. En su libro examinó la cuestión de si el mal es un rasgo aislado inherente a ciertas personas o, como sugería en el caso del exdirigente nazi, simplemente el resultado de la irreflexión, una tendencia de la gente común a obedecer las órdenes y ajustarse a la opinión de las masas, sin una evaluación crítica de las consecuencias de sus acciones.

La maldad en la literatura

Quizá las reflexiones más interesantes sobre la maldad las encontramos al final de la Segunda Guerra Mundial, momento en el que se inició una profunda reflexión acerca de este tema. Podemos encontrar un ejemplo en una conocida novela, de lectura casi obligada en los centros de enseñanza de numerosos países: *El señor de las moscas*, de William Golding, galardonado con el Premio Nobel de Literatura. Esta novela trata sobre un grupo de niños y algunos adolescentes que se encuentran solos en una isla tras un accidente aéreo; los adultos que viajaban con ellos han fallecido.

Tienen alimentos y pueden subsistir, pero se enfrentan al problema de cómo organizarse socialmente. Se suceden diferentes acontecimientos y conflictos, y, con estos, conductas que podríamos calificar de malvadas. La conclusión que se puede extraer, entre otras muchas, es que el mal puede surgir incluso de un grupo de niños, considerados en principio inocentes.

En *Eichmann en Jerusalén*, Arendt argumenta que los «asesinos de escritorio», como Eichmann, no respondían a motivaciones demoníacas o monstruosas. En cambio, estableció que «fue pura falta de consideración (algo que de ninguna manera es idéntico a la estupidez) lo que hizo de Eichmann uno de los mayores criminales de ese periodo». Según Arendt, los motivos y el carácter de Eichmann eran banales, no monstruosos. Ella lo describió como un ser humano «terriblemente normal» que simplemente no reflexionaba demasiado sobre lo que estaba haciendo.

Eichmann afirmó ante el tribunal que siempre había intentado acatar el imperativo categórico de Immanuel Kant. Ante esta afirmación, Arendt explicaba que Eichmann había interpretado mal las enseñanzas del filósofo. Eichmann no había reconocido la obligación de reciprocidad implícita en el imperativo categórico; tampoco había asumido que las acciones del ciudadano son correctas si obedecen a la ley general (en su caso, las leyes que habían aprobado los nazis). Eichmann intentó respetar el espíritu de estas leyes aberrantes. En la formulación de Kant del imperativo categórico, el legislador es el yo moral de cada ciudadano y todos los hombres son legisladores, por lo que el autor prusiano se refería a la autonomía por la que todo ser humano se dicta normas a sí mismo. En la visión de Eichmann, el legislador era Hitler y él solo obedecía las normas. Finalmente se le acusó de llevar a cabo la solución final (el exterminio de los judíos en Europa), momento en el que Arendt afirma que «había dejado de vivir según los principios kantianos, era consciente de ello y se había justificado alegando que ya no era dueño de sus propias obras, por lo que no podía cambiar nada».

Durante su encarcelamiento antes del juicio, el gobierno israelí envió, al menos, a seis psicólogos para examinar a Eichmann. Estos psicólogos no encontraron rastros de enfermedad mental ni de trastorno de la personalidad. Un médico comentó que su actitud general hacia otras personas, especialmente su familia y amigos, era «muy sociable», mientras que otro apuntó que la personalidad y forma de hablar de Eichmann respondían a un patrón de normalidad.

Arendt sugiere que esto desacredita de manera sorprendente la idea de que los criminales nazis eran manifiestamente psicópatas y diferentes de las *personas normales*. La autora insiste en que la capacidad para tomar decisiones morales permanece incluso bajo el totalitarismo, por lo que se pueden exigir responsabilidades.

El libro de Arendt introdujo la expresión y el concepto «la banalidad del mal». Su tesis es que Eichmann no era fanático o sociópata, sino una persona promedio que estaba influenciado por ideas estereotipadas en lugar de pensar por sí mismo y actuaba motivado por la promoción profesional más que por una ideología concreta. La banalidad, en este sentido, no es que sus acciones fueran ordinarias o que todos tengamos un potencial Eichmann, sino que estas respondían a una especie de estupidez totalmente excepcional.

Las reflexiones de Hannah Arendt abrieron nuevas perspectivas en diversos campos, entre ellos la psicología social, por lo que en los años siguientes se desarrollaron interesantes experimentos sobre la obediencia a las órdenes de un carácter malvado.

Los estudios de Stanley Milgram

El psicólogo social estadounidense Stanley Milgram fue muy conocido por un controvertido experimento sobre la obediencia que llevó a cabo en la década de 1960 durante su estancia en la Universidad de Yale y que guardaba relación con el Holocausto, especialmente con el juicio de Adolf Eichmann. Este juicio había planteado la cuestión de la obediencia: ¿cómo es posible que la gente obedezca cuando recibe órdenes tan malvadas?

Para intentar dar respuesta a este dilema, Milgram diseñó un ingenioso experimento por el que el psicólogo ha pasado a la historia de la ciencia. En realidad, se trataba de una serie de experimentos de psicología social sobre la obediencia a las figuras de autoridad. En estos se midió la predisposición de los participantes del estudio (hombres de una amplia gama de ocupaciones y con diferentes niveles de educación) a obedecer a una figura de autoridad de la que recibían instrucciones para realizar actos que entraban en conflicto con su conciencia personal. A los participantes se les hizo creer que estaban ayudando en un experimento en el que tenían que administrar descargas eléctricas a un «aprendiz». Estas falsas descargas eléctricas, que gradualmente aumentaban de intensidad, habrían causado la muerte del aprendiz si hubieran sido reales.

El experimento descubrió, sorprendentemente, que un gran porcentaje de hombres obedecía las instrucciones, aunque, de manera general, bajo protesta. Milgram describió por primera vez su investigación en un artículo de 1963 en el *Journal of Abnormal and Social Psychology* y luego expuso sus hallazgos con mayor detalle en su libro, de 1974, *Obediencia a la autoridad: una visión experimental* (*Obedience to Authority: An Experimental View*).

Los experimentos comenzaron en julio de 1961 en el sótano de un edificio de la Universidad de Yale, tan solo tres meses después de que comenzara el juicio del criminal de guerra Adolf Eichmann en Jerusalén. Milgram diseñó su estudio psicológico para responder a una pregunta que muchos se hacían: ¿es posible que Eichmann y sus millones de cómplices, si se les puede llamar como tal, en el Holocausto simplemente siguieran órdenes? El experimento se repitió muchas veces en todo el mundo, con resultados bastante consistentes.

En cada sesión participaban tres personas:

- El «experimentador», que estaba a cargo de la sesión.
- El «maestro», un voluntario para una sola sesión. Se le hacía creer que simplemente estaba ayudando, a pesar de que, en realidad, se trataba del sujeto del experimento.
- El «aprendiz», un actor, cómplice del experimentador, que ejercía como voluntario.

El sujeto y el actor («maestro» y «aprendiz») llegaban juntos a la sesión. El experimentador hacía creer al primero que estaba participando en un estudio científico sobre la memoria y el aprendizaje para ver cuál es el efecto del castigo en el proceso de este último. El sujeto y el actor hacían un sorteo para determinar el papel que cada uno debía asumir. Sin que lo supiera el sujeto, ambas papeletas decían «maestro»; se garantizaba así que el sujeto del estudio siempre lo fuera.

A continuación, el «maestro» y el «aprendiz» pasaban a una habitación contigua donde a este último se le ataba a una especie de silla eléctrica. El «experimentador» les hacía saber a los participantes que se querían asegurar de que el «aprendiz» no escapara. Antes de la prueba, el «maestro» recibía una descarga eléctrica de muestra para experimentar cómo serían las descargas que, supuestamente, recibiría el alumno durante el experimento. El «maestro» y el «aprendiz» podían comunicarse, pero no verse, ya que se encontraban separados. El «maestro» recibía una lista de pares de palabras que debía enseñar al alumno. Leía la primera palabra de cada par y cuatro posibles respuestas. El alumno debía presionar un botón para indicar su respuesta. Si la respuesta era incorrecta, el «maestro» administraba una descarga al alumno, aumentando el voltaje de 15 en 15 voltios por cada respuesta incorrecta. Por el contrario, si la respuesta era correcta, el «maestro» leía el siguiente par de palabras. Los sujetos creían que, por cada respuesta incorrecta, el alumno recibía descargas reales, aunque en realidad no había tales descargas. Cuando el «aprendiz» se separaba del «maestro», el alumno accionaba una grabadora integrada que reproducía sonidos pregrabados para cada nivel de descarga.

En cierto momento del experimento, el investigador cómplice (que hacía de «aprendiz») le mencionaba al participante que estaba sufriendo un problema cardíaco.

A medida que el voltaje de las falsas descargas aumentaba, el alumno gritaba más fuerte y golpeaba la pared que lo separaba del «maestro». Cuando se alcanzaban los niveles más altos, el «aprendiz» se mantenía en silencio. Si en algún momento el «maestro» quería detener el experimento, el «experimentador» le daba instrucciones (estímulos verbales) específicas, por este orden:

1. «Por favor, continúa».
2. «El experimento requiere que continúes».
3. «Es absolutamente esencial que continúes».
4. «No tienes otra opción, debes continuar».

Si el sujeto aún deseaba detenerse después de los cuatro sucesivos estímulos verbales, el experimento finalizaba. De lo contrario, terminaba después de que el sujeto aplicara las descargas máximas, de 450 voltios, tres veces seguidas. El «experimentador» tenía otros recursos en el caso de que el «maestro» preguntara si el alumno podría sufrir un daño físico permanente; entonces respondía: «Aunque las descargas pueden ser dolorosas, no hay

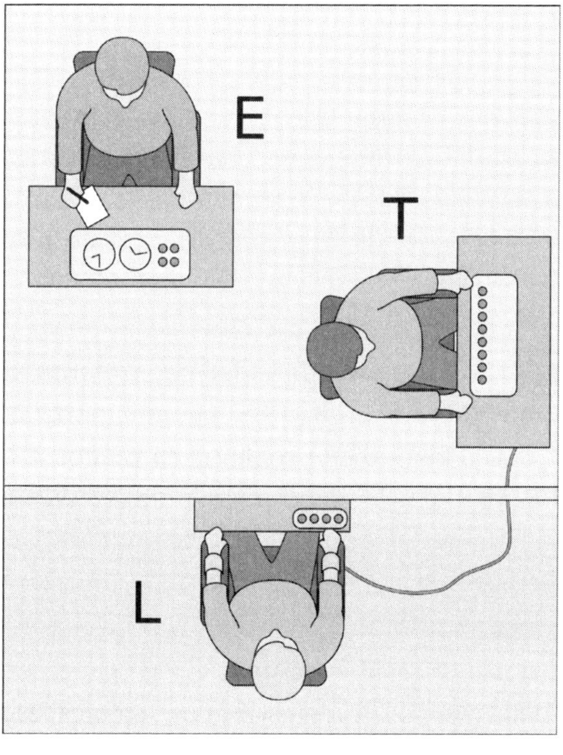

Figura 8: El experimento de Stanley Milgram. El «experimentador» (E) ordena al «maestro» (T), el sujeto del experimento, que someta al «aprendiz» (L), un actor, a descargas eléctricas cuyo voltaje es cada vez mayor. El «maestro» cree que realmente el «aprendiz» está recibiendo esas descargas. ¿Será capaz de detener el experimento para impedir que el alumno siga sufriendo?

daño permanente en el tejido, así que, por favor, continúa». Si el «maestro» decía que era evidente que el alumno quería parar, el «experimentador» respondía: «Le guste o no al alumno, debe continuar hasta que haya aprendido correctamente todos los pares de palabras, así que, por favor, siga».

Antes de realizar el experimento, Milgram encuestó a catorce estudiantes del último curso de Psicología de la Universidad de Yale para predecir el comportamiento de los cien hipotéticos maestros. Todos los encuestados creían que solo una parte muy pequeña de los sometidos al experimento infligiría la descarga máxima (del 0 al 3%, con un promedio del 1,2%).

Milgram también consultó a sus colegas y descubrió que ellos también creían que muy pocos sujetos estarían dispuestos a someter a los aprendices a un voltaje muy alto. Milgram también interrogó a 40 psiquiatras de una facultad de medicina y estos respondieron que la mayoría de los maestros pararía en la décima descarga, cuando la víctima pidiera dejar el experimento. Imaginaban que solo el 3,73% de los sujetos continuaría tras la descarga de 300 voltios, cuando la víctima se negara a responder, y creían que solo algo más del 0,1% de los maestros administraría la descarga más alta.

En la primera serie de experimentos de Milgram, el 65% (26 de 40) de los participantes en el experimento llegaron a aplicar la descarga más alta (450 voltios), hasta el final del experimento, y todos ellos administraron, al menos, descargas de 300 voltios. No obstante, se sentían incómodos al hacerlo y mostraban distintos grados de tensión y estrés: sudor, temblores, tartamudeo, gemidos, y algunos incluso experimentaron ataques de risa nerviosa, se mordían los labios y se clavaban las uñas en la piel. Todos los participantes pararon el experimento al menos una vez para cuestionarlo.

Con todo, la mayoría continuó después de que el «experimentador» los animara a seguir. Algunos llegaron a afirmar que devolverían el dinero que se les había pagado por participar. Milgram resumió el experimento en su artículo, de 1974, «Los peligros de la obediencia»:

> Los aspectos legales y filosóficos de la obediencia son de enorme importancia, pero dicen muy poco acerca de cómo la mayoría de las personas se comportan en situaciones concretas. Llevé a cabo un experimento simple en la Universidad de Yale para probar cuánto dolor infligiría un ciudadano común a otra persona, simplemente siguiendo las órdenes de un científico. La figura de autoridad se impuso, en la mayoría de las ocasiones, a los imperativos morales más sólidos de los sujetos [los participantes] para no lastimar a los demás, aunque estos escucharan los gritos de las víctimas. La extrema disposición de los adultos a llegar casi a cualquier extremo bajo el mando de una autoridad constituyó el hallazgo principal del estudio y lo que requirió una explicación con más urgencia.
>
> La gente común solo hace su trabajo y, sin ninguna hostilidad particular, puede convertirse en un agente de un terrible proceso destructivo. Además, incluso cuando son evidentes los efectos destructivos de su trabajo y se les pide que ejecuten acciones incompatibles con los estándares fundamentales de la moralidad, relativamente pocas personas resisten a la autoridad.

En resumen, el experimento de Milgram puso de manifiesto cómo los principios morales de la mayoría pueden no ser suficientes ante la presencia de una figura de autoridad; esto pone al individuo en una situación contradictoria al actuar en contra de sus principios.

El experimento de la prisión de Stanford

En 1971 se realizó un experimento de psicología social que intentaba dilucidar los efectos psicológicos del poder recibido en un ambiente de tensión entre presos y funcionarios de prisiones. Se llevó a cabo en la Universidad de Stanford entre el 14 y el 20 de agosto de 1971 y estuvo a cargo de un grupo de investigación dirigido por el profesor de psicología Philip Zimbardo, quien utilizó estudiantes universitarios.

En el estudio, a los voluntarios se les asignó aleatoriamente el papel de «guardias» o «prisioneros» en una prisión simulada; el propio Zimbardo ejercía de director de la prisión. Dos de los «prisioneros» abandonaron sin concluir el experimento y se suspendió por completo a los seis días. Los resultados sugirieron que los estudiantes adoptaron rápidamente los roles asignados: algunos «guardias» aplicaron medidas autoritarias e, incluso, sometieron a algunos «prisioneros» a tortura psicológica; muchos de los «prisioneros» aceptaron sumisamente el maltrato psicológico y, presionados por los «guardias», maltrataron a otros «prisioneros». Este experimento psicológico fue uno de los más famosos de todos los tiempos y está incluido en la mayoría de los libros de texto de introducción a la psicología social.

La Oficina de Investigación Naval de Estados Unidos lo había financiado con el objetivo de comprender las causas de las dificultades entre los guardias y los presos en la Armada y el Cuerpo de Marines. Se filmaron algunas fases del experimento y varios extractos están a disposición pública.

Solo se reclutaron hombres, a los que se les explicó que participarían, durante dos semanas, en una simulación de la vida en prisión. El equipo seleccionó a los 24 voluntarios que, habiendo sido elegidos por ser los más sanos y psicológicamente estables, colaborarían en el experimento. Entre los candidatos se excluyó deliberadamente a aquellos con antecedentes penales y con problemas psicológicos o médicos. Todos acordaron participar de 7 a 14 días y recibieron 15$ al día (unos 94$ actuales).

Los investigadores proporcionaron a los «guardias» bastones de madera, ropa similar a la de un guardia real (camisa caqui y pantalones de una tienda local de excedentes militares) y gafas de sol con cristales de espejo para evitar el contacto visual. Los presos llevaban ropa incómoda, mal ajustada y gorras, así como una cadena alrededor de un tobillo. Se instó a los «guardias» para que llamaran a los «prisioneros» por su número asignado, cosido en el uniforme, en lugar de por su nombre.

Los «prisioneros» fueron arrestados en sus casas y acusados de robo a mano armada. El departamento de la policía local de Palo Alto ayudó a Zimbardo con los arrestos y les hizo las fichas policiales a los presos, lo que incluía la toma de fotografías y huellas digitales. Seguidamente, se llevó a los «prisioneros» desde la comisaría hasta la prisión simulada, donde se les registró desnudos y se les asignó su nueva identidad.

Cada una de las pequeñas celdas de la prisión simulada tenía capacidad para tres «prisioneros». Había un pequeño pasillo para ir al patio de la prisión, un armario para el aislamiento y una habitación más grande, frente a los «prisioneros», para los «guardias» y el director de la prisión. Los presos debían permanecer en las celdas y el patio todo el tiempo, hasta el final del estudio. Los «guardias» trabajaban en equipos de tres, en turnos de ocho horas, y no estaban obligados a permanecer allí después de su turno.

Después de un primer día relativamente sin incidentes, durante el segundo los presos de la celda 1 bloquearon la puerta con camas y se quitaron las gorras, negándose a salir o a seguir las instrucciones de los «guardias». En estas circunstancias, «guardias» de otros turnos se ofrecieron voluntarios para trabajar fuera de su

Figura 9: El experimento de Stanford. Esta placa recuerda el lugar donde se llevó a cabo el experimento, uno de los más escalofriantes y famosos de la psicología social.

turno y ayudar a reprimir la revuelta; llegaron a atacar, sin supervisión del personal de investigación, a los «prisioneros» con extintores contra incendios. Al ver que manejar a nueve compañeros de celda con solo tres «guardias» por turno era muy difícil, uno de estos sugirió que usaran tácticas psicológicas para controlarlos: establecieron una celda privilegiada en la que se recompensó con comida de mejor calidad a los presos que no participaron en los disturbios. Los reclusos *privilegiados* decidieron no comerla en solidaridad con sus compañeros de prisión.

Después de tan solo 36 horas, un prisionero comenzó a actuar como un demente, como Zimbardo describió: «El preso número 8612 comenzó a volverse loco, a gritar, a maldecir, a entrar en un estado de furia que parecía fuera de control. Tardamos bastante tiempo en convencernos de que realmente estaba sufriendo y que teníamos que liberarlo». Los «guardias» obligaron a los «prisioneros» a repetir los números que se les asignó para reforzar la idea de que aquella era su nueva identidad. Los «guardias» pronto utilizaron estos recuentos para hostigar a los «prisioneros» y recurrieron incluso a castigos físicos, como hacer ejercicio extra por cometer errores durante el recuento de «prisioneros».

Las condiciones sanitarias se deterioraron rápidamente, en especial por la negativa de los «guardias» a permitir que algunos presos orinaran o defecaran en otro lugar que no fuera en un orinal colocado en su celda. Como castigo, los «guardias» no dejaron que los «prisioneros» vaciaran el recipiente. Los colchones eran un artículo preciado en la prisión, por lo que los «guardias» castigaban a los presos quitándoselos y obligándolos a dormir en el suelo. A algunos «prisioneros» se les obligó a estar desnudos para humillarlos. Varios «guardias» se volvieron cada vez más crueles a medida que el experimento continuaba; los experimentadores informaron que alrededor de un tercio de los «guardias» exhibió auténticas tendencias sádicas. La mayoría de estos expresaron su disgusto cuando el experimento se detuvo tras solo seis días de duración, a pesar de que estaba previsto que durara dos semanas. Zimbardo lo canceló cuando Christina Maslach, una estudiante de posgrado en Psicología, con la que mantenía una relación sentimental y con quien luego se casó, llamó la atención sobre las condiciones de la prisión tras incorporarse al proyecto para realizar entrevistas. Zimbardo señaló más tarde que, de entre las más de 50 personas que habían observado el experimento, Maslach fue la única que cuestionó su moralidad.

La facilidad con la que surge la maldad

La obra de Hannah Arendt sobre Eichmann y el juicio en Jerusalén y los experimentos de Milgram o de Zimbardo nos llevan a pensar que la maldad surge de forma espontánea e imprevista. El concepto de «maldad» ha estado siempre presente en todas las civilizaciones y religiones. En la civilización nacida en Europa Occidental, que surge del mundo grecorromano y la religión judeocristiana, ya existía un análisis del origen de la maldad. En el cristianismo se concibe que el ser humano tiene una tendencia innata al pecado y este consiste en alejarse de Dios mediante el mal. La tradición cristiana afirma que Dios concedió a Adán y Eva la santidad, pero la perdieron por desobedecerlo. Desde entonces, sus descendientes, toda la raza humana, se libran del pecado original gracias al bautizo; sin embargo, persiste la tendencia al pecado.

Por lo tanto, en la tradición cristiana el pecado o, para ser más precisos, la tendencia a pecar, forma parte de la naturaleza humana. Con algunas variantes, las otras grandes religiones (judaísmo e islam) también admiten la existencia del pecado, que implica otro concepto importante: el libre albedrío. Según este, el ser humano es responsable de sus propios actos, que ejerce según su voluntad.

Desde siempre, en todas las civilizaciones ha existido una respuesta a la maldad humana. En la Antigüedad, las religiones y sus sacerdotes se ocupaban de esta tarea y en la actualidad, tras la aparición de la autoridad del Estado, se ocupa de ello el sistema judicial, a veces inspirado, en mayor o menor medida, en las religiones.

Con relación a los experimentos antes mencionados, sorprende que gente corriente, educada en un entorno familiar y social normal y que no favorece la tendencia al delito, pueda cometer actos malvados. La conducta que describió Zimbardo en su experimento, lamentablemente, ha resurgido en los últimos tiempos. Un ejemplo fue lo ocurrido en la prisión de Abu Ghraib, en Irak, donde el ejército norteamericano custodiaba a numerosos presos que habían colaborado con el régimen de Sadam Huseín.

La falta de control y liderazgo provocó que los guardianes les infligieran horribles torturas. Por suerte, una filtración a la prensa desató el escándalo.

LA RESPONSABILIDAD PENAL DEL PSICÓPATA

El principal problema ético que plantea la neurociencia a raíz de los numerosos estudios que se han realizado sobre los psicópatas es si es necesario modificar la respuesta penal con la que responden los Estados ante los delitos. Esto guarda relación con el problema que se ha planteado siempre en las ciencias de la conducta, como la psiquiatría o la psicología: el nexo entre el cerebro y la mente.

Ha habido muchos intentos de explicar la conducta humana desde un punto de vista científico: el psicoanálisis, el conductismo, la psicología cognitiva, la neurobiología, etcétera. Cada uno de ellos ha planteado sus modelos, intentando explicar por qué actuamos de una u otra manera.

En los últimos treinta años se ha producido un desarrollo espectacular de la neurociencia debido, en gran medida, al desarrollo tecnológico. Los neurocientíficos tienen ahora la oportunidad de comprobar cómo se comporta el cerebro sin tener que intervenir quirúrgicamente. No deja de ser llamativo que a los dos inventores del TAC (Tomografía Axial Computarizada), ambos ingenieros, se les concediera el Premio Nobel de Medicina. Pero tras el TAC se han ideado numerosas técnicas que ya no solo posibilitan conocer las estructuras internas, sino que también permiten poner al sujeto de experimentación a realizar alguna tarea mientras se observan los cambios que se producen en su cerebro.

Todos estos avances son espectaculares, pero todavía sigue habiendo muchos matices sin resolver con respecto al eterno problema de la relación entre mente y cerebro. Es cierto que se puede identificar la parte del cerebro que está relacionada con una tarea específica, pero hasta poder predecir el comportamiento de una persona queda un largo camino.

Es incuestionable que el cerebro es el componente esencial de la actividad mental y probablemente podremos prever, en un futuro más o menos lejano, la vida mental a partir de la actividad cerebral. Por el momento no se ha podido predecir la conducta con un alto grado de precisión solo con los datos proporcionados por el cerebro. Habitualmente, se buscan reacciones que permitan detectar la enfermedad para luego tratarla. Por ejemplo, a través de una resonancia magnética se puede saber si un paciente tiene o no un tumor cerebral. De igual modo, si a una persona que acaba de tener una convulsión le realizamos un EEG, se podrá determinar si tiene un foco epiléptico.

Con todo, es muy complicado predecir si alguien va a ser violento o no, o si la causa del comportamiento violento es una alteración cerebral. Algunos neurocientíficos argumentan que ya es posible explicar, de manera científicamente evidente, la maldad de los psicópatas, ya que guarda relación con sus alteraciones cerebrales. Según esta argumentación, se podría afirmar que, al igual que un epiléptico no puede evitar tener una crisis epiléptica, un psicópata con una disfunción en la amígdala tampoco podría evitar ser violento.

Los neurocientíficos investigadores de la psicopatía sostienen que resulta difícil considerar completamente responsable de sus actos a un psicópata cuyo cerebro no es capaz de percibir el sufrimiento de quienes lo rodean. Para el psicópata, ver sufrir a alguien resulta anodino y, por ello, no tiene reparos en torturar o, en los casos más extremos, matar. Es decir, se trataría de una conducta prisionera producida por una alteración del cerebro.

Si se aceptan estos argumentos, un buen número de psicópatas podrían ser eximidos de responsabilidad penal o, al menos, se podría reducir considerablemente su castigo.

¿El psicópata es responsable de sus actos?

Existe un argumento también bastante convincente para poder mantener, a pesar de lo afirmado, la consideración de que los psicópatas son plenamente responsables de su comportamiento. Si la conducta que mostramos se basa en nuestro cerebro y nuestro cerebro está programado para tomar decisiones, este tiene que valorar todo aquello a favor y en contra para actuar de una determinada manera, y no de otra. El concepto de imputabilidad que se viene manejando en el derecho penal desde hace dos siglos se fundamenta en que la persona enjuiciada tiene la opción de actuar conforme a la ley, pero, a pesar de esto, opta por contravenirla.

Cabe entonces preguntarse si los psicópatas sufren de alguna anomalía en su capacidad para analizar los riesgos y beneficios que les supone la conducta delictiva que llevan a cabo. En la gran mayoría de los códigos penales de todos los países se recogen situaciones concretas en las que, a pesar de que una persona haya cometido un delito, se le puede atenuar la responsabilidad penal, o incluso eximir de esta por completo. En algunos países como España, el Código Penal recoge que se atenúa la responsabilidad si el acusado, en el momento de cometer el delito, «a causa de cualquier anomalía o alteración psíquica, no puede comprender la ilicitud del hecho o actuar conforme a esa comprensión».

Aunque la afirmación es aparentemente sencilla, surgen complicaciones cuando se aplica a situaciones concretas de la vida real, por lo que ha de ser interpretada conforme a lo que se conoce como la jurisprudencia. Analicemos la afirmación, pues, por partes.

En primer lugar, se habla de «anomalía o alteración psíquica»; este es un término jurídico, pero en psiquiatría se suele utilizar el de «trastorno mental». Cuando se afirma que una persona padece un trastorno mental, entendemos que tiene alterada alguna de sus funciones mentales como la percepción, el pensamiento, el lenguaje, etcétera. A modo de ejemplo, si una persona padece una depresión, entendemos que estaba bien y que, sea cual sea la causa, se han producido unas alteraciones cerebrales que terminan repercutiendo en su funcionamiento mental. Si existe un tratamiento eficaz, farmacológico o de otro tipo, es posible que se revierta la alteración cerebral causante del problema y, consecuentemente, el trastorno mental también desaparecerá, por lo que el paciente volverá a tener el comportamiento que manifestaba anteriormente; es decir, se recuperará.

Este es el concepto básico de trastorno mental que se maneja habitualmente. Pero hay un grupo conocido como «trastornos de la personalidad» que son muy controvertidos.

Esto se debe, fundamentalmente, a que no es posible afirmar que estos pacientes sufran la enfermedad durante un tiempo y, tras la patología, gocen de buena salud durante otros periodos. Estos sujetos siempre han manifestado los mismos rasgos de personalidad al menos desde el final de la adolescencia. Es el caso de los afectados por un trastorno paranoide de la personalidad; suelen comportarse con extremado celo y desconfianza, pensando que la gente de su entorno no es sincera y que, incluso, pueden tramar algo en su contra. Su llamativo rasgo de personalidad es crónico y les hace percibir y sentir el mundo de una manera determinada. De forma similar, la psicopatía es un trastorno de personalidad y, por lo tanto, le implica a quien la padece un modo de estar, de sentir y de percibir el mundo distinto al que tiene la mayoría de la población.

Esto nos hace pensar en otro problema, el de establecer el límite entre lo considerado normal y lo patológico: ¿cuál es el criterio que deberíamos aplicar para definir a una persona que padece, o no, un trastorno de personalidad como una psicopatía? ¿Qué grado de maldad, indiferencia afectiva, conducta antisocial es necesario para considerar que una persona es psicópata y tiene un carácter patológico? Este es un problema al que la psiquiatría ha tenido que enfrentarse desde hace más de un siglo. Ha habido épocas en las que los psiquiatras han cuestionado algunos límites. Por ejemplo, hace tan solo cuarenta años, determinadas orientaciones sexuales se consideraban patológicas, y ahora no. De la misma manera, antes se consideraba enfermo a quien se sentía del género contrario al asignado social y legalmente; hoy en día estas diferencias no son, a modo de ver de la psiquiatría, patologías.

No obstante, retomando la cuestión de los trastornos de personalidad y la psicopatía, resulta muy difícil responder a la siguiente pregunta: ¿dónde está el límite de conducta social específica para que esta adquiera un carácter patológico?

En la actualidad, la psicopatía se determina mediante un cuestionario en el que se ha establecido un umbral. Así, se considera psicópata a quien obtiene una puntuación igual o superior a la determinada por el umbral; y no, a quien obtiene un valor inferior a dicho umbral. La pregunta que surge es la siguiente: ¿con qué criterio se ha establecido el umbral? Pues bien, se trata de una cuestión más moral o social que científica.

En 1961, Thomas Szasz, un conocido psiquiatra norteamericano, publicó su libro *El mito de la enfermedad mental*, en el que defendía la tesis de que los diagnósticos en psiquiatría solo servían para que la sociedad pudiera marginar a aquellos ciudadanos con una conducta social desviada y, por ello, defendía que no se debían usar esas etiquetas diagnósticas. La postura de Szasz era, posiblemente, muy radical. Puede considerarse que sí existen las auténticas patologías mentales y que, además, causan mucho sufrimiento.

Con esta disquisición se quiere señalar que definir la psicopatía como un trastorno mental resulta muchas veces complicado. Según los argumentos de Szasz, es probable que en muchos casos se esté abusando del término, convirtiendo en patológica la maldad humana.

Pero en el derecho, estas disquisiciones sobre si la psicopatía es o no un trastorno mental no suponen realmente un problema. Para los penalistas, la existencia de anomalía o alteración psíquica es una condición necesaria, pero no suficiente. Aunque exista una anomalía o alteración (el trastorno mental), hay que demostrar también que la persona no puede comprender la ilicitud de su comportamiento. Este criterio es muy difícil de demostrar en un psicópata; si se asume que tiene capacidad para reflexionar e, incluso, en situaciones de estrés puede mantener la calma y pensar antes de actuar, será muy complicado afirmar que no puede comprender que lo que está haciendo está mal.

Ocurre algo parecido con respecto a los criterios que apuntan a que «actuar conforme a esa comprensión» es punible. Este es el criterio que definimos como «volitivo». Así, se considera que la persona analiza tanto la situación como las consecuencias de su comportamiento y, pese a ello, no puede evitar actuar. No obstante, este criterio se aplica pocas veces, pues es difícil que se produzca tal casuística. Los psicópatas, en el sentido clásico, también tienen capacidad de autocontrol, por lo que resulta difícil afirmar que no se pueden controlar. Una excepción serían aquellos que manifiestan conjuntamente una gran impulsividad. Pero, aun asumiendo que existe un problema de control de los impulsos, surge una nueva pregunta: ¿cómo podemos distinguir el impulso que es verdaderamente irresistible del impulso voluntariamente no resistido?

Cerebro y conducta: el eterno problema

La neurociencia ha avanzado de manera sorprendente en los últimos treinta años. En la década de 1980 el Gobierno de los Estados Unidos proclamó la denominada «década del cerebro»; en resumidas cuentas, se materializó en un ambicioso programa, ampliamente financiado, para investigar el cerebro humano.

Se realizaron miles de estudios y se obtuvo mucha información sobre la relación entre la actividad cerebral y la conducta humana. Sin embargo, no se ha podido llegar a predecir el comportamiento humano. La ciencia es, en definitiva, saber para predecir. Conocemos las reglas de la naturaleza y gracias a ellas predecimos lo que va a ocurrir. Pero en la conducta humana, y lo que tiene que ver con el cerebro, no hemos alcanzado todavía ese nivel de conocimiento científico.

En los últimos quince años, en Estados Unidos han surgido varias empresas que han afirmado disponer de la tecnología de neuroimagen para determinar si una persona dice la verdad o miente, o si simula síntomas de una enfermedad mental. Años después, estas empresas han quebrado e incluso han reconocido que su técnica no era tan fiable como afirmaban en un principio. Un conocido psiquiatra forense norteamericano calificó la aplicación de la neurociencia al derecho, que se producía en las salas de los tribunales de justicia, de «efecto árbol de Navidad». Las técnicas de neuroimagen producen imágenes espectaculares, de gran sofisticación tecnológica y aparente infalibilidad, y al lego en la materia le pueden impresionar. La neuroimagen, que implica ver el cerebro, se acompaña de la interpretación de un experto aduciendo que el comportamiento del acusado se ha debido a una determinada alteración del cerebro; aunque no sea científicamente cierto, el efecto halo lleva al convencimiento de la mayoría de los profanos.

El caso Weinstein o la seducción de la neurociencia

A tenor de lo expuesto, hay un caso que refleja cómo la neurociencia tiene ese efecto seductor, el de Herbert Weinstein. Este hombre, un ejecutivo de publicidad de 65 años, fue acusado de estrangular a su esposa, Barbara. Luego, para hacer que el asesinato pareciera un suicidio, tiró el cuerpo por la ventana de su 12.º piso en Manhattan. Antes de que comenzara el juicio, el abogado defensor sugirió que su cliente no debería ser considerado responsable de sus acciones debido a una anomalía mental provocada por un quiste ubicado en la membrana aracnoidea, conocida por este nombre porque rodea el cerebro como una telaraña. Lo que había comenzado como un simple crimen de violencia de género derivó en un interesante debate sobre el uso de la neuroimagen en los tribunales.

Fue precisamente el abogado de Weinstein quien había pedido que se le realizara al acusado un estudio psiquiátrico muy detallado. Se le hicieron todo tipo de pruebas radiológicas y en una de estas se le detectó el quiste aracnoideo. Weinstein había disfrutado de una exitosa carrera profesional, lo que revelaba que tenía un nivel intelectual alto; tampoco había tenido antecedentes neurológicos como crisis epilépticas, alteraciones de la sensibilidad o de la motilidad. Resultaba sorprendente, pero el quiste aracnoideo no le había afectado en ningún momento de su vida. De hecho, el acusado nunca antes supo de su existencia porque no se le había sometido a un TAC y estaba aparentemente sano.

El juicio de Weinstein se hizo con un jurado popular y la defensa pidió que sus peritos pudieran exponer sus hallazgos y, sobre todo, mostrar las espectaculares imágenes del quiste cerebral.

Aunque el fiscal se opuso, el jurado vio las imágenes, si bien no se permitió a los peritos informar u opinar sobre la conducta del acusado. Parece que esta prueba tuvo un impacto importante, pues forzó a la fiscalía a negociar una pena por cargos menores (homicidio).

Cuando se les pidió a neurólogos o neurocirujanos que dieran su opinión profesional sobre las recomendaciones que harían a un afectado por un quiste como este, la respuesta coincidió en la mayoría de los casos: no hacer nada excepto observarlo periódicamente para ver si se producen cambios. Respecto a si el quiste habría podido influir en la conducta violenta de Weinstein, la mayoría coincidió en que no. El acusado nunca antes había sido violento y desde su infancia había tenido el quiste; ¿por qué, entonces, eximirle parte de la culpa en un episodio de violencia doméstica puntual?

De todos modos, la fiscalía manejaba una hipótesis alternativa: un crimen de violencia de género, como tantos otros, en el que un hombre, sin antecedentes de violencia, asesina a su pareja. Si no se hubiera hallado (casualmente) el quiste en el cerebro del acusado, habría sido objeto de una condena mucho más severa. Como se

Continúa en la pág. 142

El caso del Sr. Oft

En 2003 se publicó un caso en una de las revistas científicas más importantes del ámbito de la neurología relacionado con la manifestación de impulsos pedófilos a causa de un tumor cerebral; esto avivó el debate sobre si el acusado de pedofilia era, o no, responsable de sus actos.

En 2000, un hombre de 40 años, el Sr. Oft, empezó a mostrar un interés creciente y casi incontrolable por la pornografía infantil. Comenzó a acumular material pornográfico mientras se esforzaba por ocultar su comportamiento a su entorno más cercano. Pasado un tiempo, acudió a los servicios de prostitución y, aunque al principio procuró ocultar sus acciones, su comportamiento continuó y sus impulsos aumentaron, descargando y acumulando pornografía infantil de manera obsesiva tanto en el trabajo como en casa. En poco tiempo, Oft comenzó a hacer acercamientos sexuales sutiles hacia su hijastra prepubescente. Después de varias semanas, su hijastra informó a la esposa de Oft de este comportamiento, lo que llevó a que se descubriera la pornografía infantil que había reunido.

Su esposa lo denunció y Oft fue declarado culpable de abuso sexual infantil. Se le ordenó someterse a rehabilitación para pacientes con adicción al sexo a los que se obligaba a seguir un programa de 12 pasos como alternativa a la prisión.

A pesar de que el acusado quería evitar la prisión, era incapaz de resistirse a realizar tocamientos sexuales tanto al personal como a otros pacientes del centro de rehabilitación. El centro lo expulsó y Oft se vio obligado a ir a prisión. Sin embargo, la noche previa a su reclusión, ingresó en el servicio de urgencias del Hospital de la Universidad de Virginia quejándose de fuertes dolores de cabeza. Mientras se le realizaba el examen neurológico, el paciente intentó agredir sexualmente al personal del hospital e incluso parecía totalmente despreocupado después de haberse orinado en los pantalones. Este comportamiento, combinado con su forma de andar, aparentemente inestable, hizo sospechar a los médicos, quienes le realizaron una evaluación neurológica completa; finalmente solicitaron una resonancia magnética del cerebro.

La exploración reveló que Oft tenía un tumor cerebral orbitofrontal de gran tamaño. El tumor se le había desarrollado en la parte del cerebro que, se piensa, estaba involucrada en la regulación del comportamiento social. Si bien las anomalías en esta área del cerebro se han asociado con problemas de control de los impulsos y conducta antisocial, la alteración de la corteza orbitofrontal no está asociada con la anulación del razonamiento moral. De hecho, el paciente admitía que sabía que sus acciones eran incorrectas.

Después de que le extirparan el tumor, descubrió que sus impulsos pedófilos habían desaparecido. Pudo completar el programa de rehabilitación y, así, evitó la prisión. Un año después, Oft comenzó de nuevo a tener dolores de cabeza y, en secreto, volvió a interesarse por la pornografía infantil. Una segunda resonancia magnética alertó de que el tumor había vuelto a crecer, lo que requirió una cirugía adicional, llevada a cabo con éxito; los test demostraron una mejoría evidente.

El caso del Sr. Oft plantea preguntas a las que nuestro modelo actual de justicia penal no puede responder fácilmente. Por un lado, el violó la ley de manera evidente y en repetidas ocasiones. Además, sabía que sus crímenes eran moral y legalmente incorrectos, como demuestran sus propias confesiones, así como el hecho de que tratara de ocultar sus acciones. Por otro lado, su comportamiento parecía tener un vínculo causal muy claro con el tumor cerebral.

No hay una respuesta simple a las preguntas planteadas por este caso. Ante un delito aparentemente tan ligado a una alteración cerebral, ¿tendría derecho a una atenuación de su sentencia?, ¿es correcto argumentar que el acusado era menos responsable de su comportamiento, a pesar del daño que causó? Además, dado que posiblemente todo el comportamiento que manifestó fue consecuencia de una alteración cerebral, ¿el tumor del Sr. Oft sería, simplemente, una explicación tangible, pero no una excusa, de su conducta? A medida que la neurociencia avanza para dilucidar con mayor claridad los mecanismos cerebrales responsables de toda acción humana, surge la siguiente pregunta: ¿estos nuevos descubrimientos podrían cambiar las nociones de responsabilidad criminal, tanto de individuos como el Sr. Oft, como para aquellos sin un factor neurológico tan claro subyacente?

Hay muchos delincuentes sexuales que, a pesar de las pruebas realizadas, no padecen de ninguna disfunción cerebral. Tanto en estos casos como en el del Sr. Oft, los delincuentes tienen conciencia de que están actuando contra la ley y provocando daño a gente inocente. Entonces ¿por qué cuando no hay daño cerebral identificado consideramos a la persona responsable y le cae todo el peso de la ley?, y cuando hay un daño cerebral claro, ¿se podría considerar que la persona puede tener una responsabilidad penal atenuada o se le podría eximir por completo? En esencia, parece ser que lo verdaderamente importante no es tanto la causa del comportamiento como si la persona toma decisiones con libertad.

ha podido apreciar, el impacto que tiene la neuroimagen puede ser decisivo a la hora de atribuir responsabilidad penal. Existen estudios con jueces estadounidenses encuestados sobre el valor que otorgan a las pruebas de neuroimagen en los casos que tienen que juzgar; estos arrojan datos sorprendentes: la gran mayoría les da un valor muy superior al que realmente tienen.

La ideología «neuro»

Nos encontramos en un momento en el que se añade con frecuencia la palabra «neuro» a numerosas disciplinas con el fin de darles mayor credibilidad: neuromarketing, neuroeducación, neuroética, neuroderecho, neurofilosofía, etcétera. A través del estudio del cerebro se pretenden explicar numerosos aspectos de la conducta humana. Los estudios ofrecen resultados espectaculares, pero a menudo como consecuencia de la interpretación de los datos y no tanto debido a estos *per se*. Lo cierto es que la gran cantidad de información de que disponemos no ha permitido hasta ahora darle una utilidad práctica, al menos en el estudio de la psicopatía y de la conducta criminal.

En opinión de algunos neurocientíficos especializados en neuroética, la conducta moral de las personas se puede explicar en relación con las estructuras cerebrales. Es cierto que algunas personas, como Phineas Gage, como consecuencia de un daño cerebral importante en el lóbulo frontal, han sufrido importantes cambios de conducta. El de Gage era un caso evidente de daño cerebral, pero hay muchos otros cuya conducta escasamente moral no se explica por alteración alguna en su cerebro.

Actualmente disponemos de un profundo conocimiento sobre este órgano y podemos predecir algunas tendencias de la conducta humana, pero cuando se quiere descifrar la esfera íntima de las intenciones y los valores privados, la neurociencia todavía no ofrece resultados satisfactorios; no ha llegado a predecir si vamos a tener, o no, una conducta moral o si existe dentro de nosotros un impulso criminal que nos conduce, irremisiblemente, a cometer un grave crimen violento. La neurociencia, en el estado en que se encuentra, aún no ha alcanzado este objetivo.

Conclusión

El mundo de la psicopatía y de la conducta criminal es apasionante. Se ha estudiado desde diferentes perspectivas y según variadas metodologías. Conocemos bastante de los condicionantes que pueden influir en esta conducta violenta. Sin embargo, cuando se trata emitir una opinión sobre la predicción de conductas, no disponemos, en la actualidad, de instrumentos de anticipación suficientemente fiables. El margen de error es todavía demasiado grande y, por ello, es necesaria mucha más investigación, de diverso tipo, para identificar a los sujetos de mayor riesgo y poder adoptar medidas preventivas.

BIBLIOGRAFÍA RECOMENDADA

Damásio, A. (2018), *El error de Descartes: La emoción, la razón y el cerebro humano*. Ediciones Destino.

Uno de los grandes autores de la neurociencia humana. Este libro tuvo un gran éxito cuando fue publicado y todavía hoy sigue siendo de gran interés para todos aquellos que quieran profundizar en la perspectiva de la neurociencia.

Hare, R. D. (1999), *Without Conscience: The Disturbing World of the Psychopaths Among Us*. Nueva York: The Guilford Press.

Otro libro clásico de un autor clásico. Robert Hare ha desarrollado el instrumento más utilizado para la evaluación de la psicopatía. Describe también casos clínicos y ayuda a entender mejor la mente del psicópata.

Raine, A., y A. L. Glenn. (2014), *Psychopathy: An Introduction to Biological Findings and Their Implications*. NYU Press.

Este es un libro muy detallado sobre las bases biológicas de la psicopatía. Su autor es un conocido investigador en este campo. Aquí hace una revisión completa de los diferentes estudios sobre el tema.

Raine, A. (2014), *The Anatomy of Violence: The Biological Roots of Crime*. Vintage Books.

Libro del mismo autor que el anterior, está más orientado al público en general y expone muchos casos en los que se ilustran los hallazgos de los estudios neurobiológicos. Se centra sobre todo en la descripción de la conducta y no tanto en los estudios científicos.